Anonym

Massengesellschaft und politische Propaganda. Der Sport als Instrument der nationalsozialistischen Politik. Das Beispiel Münster

GRIN Verlag

Bibliografische Information der Deutschen Nationalbibliothek:

Die Deutsche Bibliothek verzeichnet diese Publikation in der Deutschen National-
bibliografie; detaillierte bibliografische Daten sind im Internet über http://dnb.d-
nb.de/ abrufbar.

Impressum:

Copyright © 2009 GRIN Verlag GmbH
Druck und Bindung: Books on Demand GmbH, Norderstedt Germany
ISBN: 978-3-640-57406-3

Dieses Buch bei GRIN:

http://www.grin.com/de/e-book/146787/massengesellschaft-und-politische-propa-
ganda-der-sport-als-instrument

GRIN - Your knowledge has value

Der GRIN Verlag publiziert seit 1998 wissenschaftliche Arbeiten von Studenten, Hochschullehrern und anderen Akademikern als eBook und gedrucktes Buch. Die Verlagswebsite www.grin.com ist die ideale Plattform zur Veröffentlichung von Hausarbeiten, Abschlussarbeiten, wissenschaftlichen Aufsätzen, Dissertationen und Fachbüchern.

Besuchen Sie uns im Internet:

http://www.grin.com/

http://www.facebook.com/grincom

http://www.twitter.com/grin_com

Wissenschaftliche Hausarbeit für das Lehramt Sekundarstufe I/II

eingereicht dem Landesprüfungsamt für erste Staatsprüfungen für Lehrämter an Schulen

Massengesellschaft und politische Propaganda. Der Sport als Instrument der nationalsozialistischen Politik. Das Beispiel Münster

Inhaltsverzeichnis

1. Einleitung 1
  1.1 Einführung 1
  1.2 Forschungsstand 1
  1.3 Fragestellung/Thesen 3
  1.4 Theoretische Prämissen 5
  1.5 Methode/Quellen 7
2. Historische Einführung 10
  2.1 Sport in der Weimarer Republik 11
  2.2 Sport im nationalsozialistischen Deutschland 14
3. Sportverständnis der Nationalsozialisten 19
  3.1 Adolf Hitler 21
  3.2 Alfred Baeumler 25
  3.3 Reichsbundideologie (Hans von Tschammer und Osten) 28
  3.4 Zusammenfassung 31
4. Sportverständnis der Münsteraner 32
  4.1 Sport als „Selbstzweck" 32
  4.2 (Volks-)Gemeinschaft 32
    4.2.1 Einheit im Sport 36
  4.3 Gesundheit 38
  4.4 Wehrfähigkeit 40
  4.5 Zusammenfassung 46
5. Instrumentalisierung des Sports 47
  5.1 Sport als Mittel nationalsozialistischer (Selbst-)Darstellung 47
    5.1.1 Sport: Positive Assoziationen nutzen 47
    5.1.2 Sport im Dienste politischer Kundgebungen 49
  5.2 Vermittlung (und Verwirklichung) nationalsozialistischer Ziele
  und Ideale 52
    5.2.1 Volksgemeinschaft 52
    5.2.2 Rassenreinheit und Rassenbewusstsein 60
    5.2.3 Wehrfähigkeit 60
    5.2.4 Führungsanspruch 62
      5.2.4.1 Alternative Denkmuster 64
  5.3 Zusammenfassung 66
6. Popularität des Sports 68
  6.1 Zusammenfassung 75
7. Schlussbetrachtung 76
  7.1 Zusammenfassung 76
  7.2 Schlussfolgerung/Ergebnis 76
  7.3 Ausblick 81
8. Quellen- und Literaturverzeichnis 83
  8.1 Quellen 83
  8.2 Literatur 83

1. Einleitung

1.1 Einführung

Am 30. April 2006 feiert der SC Preußen Münster 06 sein 100-jähriges Jubiläum.[1] Dietrich Schulze-Marmeling nimmt dies zum Anlass, über die Zeit der Nationalsozialisten zu berichten, und u.a. ist zu lesen: „Zeitzeugen legen großen Wert darauf, dass der SCP auch in den NS-Jahren eine unpolitische Veranstaltung gewesen sei. Man habe sich ausschließlich auf den Sport konzentriert."[2] Da der SC heute wie damals ein prägender Teil des Münsteraner Sports ist, liegt die These nahe, dass der Sport im nationalsozialistischen Münster mit einem „Rückzug ins Unpolitische"[3] gleichzusetzen ist. Ausgehend (bzw. inspiriert) von diesem Gedanken setzt sich die vorliegende Arbeit mit der Bedeutung des Sports für das nationalsozialistische Regime in Münster auseinander.

Um den Sport in seinem komplexen gesellschaftlichen und politischen Zusammenhang begreifen zu können, erfolgt der methodische Zugriff auf das Thema in erster Linie durch die bürgerlich-konservative Tageszeitung „Münsterischer Anzeiger"[4] (MA). Der Untersuchungszeitraum bezieht sich primär auf das nationalsozialistische Münster vor Ausbruch des Zweiten Weltkrieges.

1.2 Forschungsstand

„Die Geschichte des Sports im Nationalsozialismus zählt inzwischen zu den am gründlichsten erforschten Epochen und Themen der deutschen Sportgeschichte."[5,6] Peiffer/Lorenz haben dazu eine ausführliche und

---

[1] Vgl. 100 Jahre SC Preußen Münster. Sonderheft zum Jubiläum. Westfälische Nachrichten 30. April 2006.

[2] Dietrich Schulze-Marmeling, „Zeitzeugen des SCP: keine Nähe zu den Nazis," 100 Jahre SC Preußen Münster. Sonderheft zum Jubiläum. Westfälische Nachrichten 30. April 2006. 7.

[3] Vgl. Marmeling 7.

[4] Erschienen als Münsterischer Anzeiger und Münsterische Volkszeitung (MA) 1. Juli 1852-31. Dez. 1929 und Münsterischer Anzeiger (MA) 1. Jan. 1930-30. Juni 1940.

[5] Michael Krüger, Teil 3. Leibesübungen im 20. Jahrhundert: Sport für alle, Sport und Sportunterricht: Grundlagen für Studium, Ausbildung und Beruf 10 (Schorndorf: Hofmann, 1993).

[6] Umfangreiche Bibliographie zum aktuellen Forschungsstand zur Geschichte des Nationalsozialismus: Ruck, Michael, Bibliographie zum Nationalsozialismus, Bd. 1-2 (Darmstadt: Wissenschaftliche Buchgesellschaft, 2000). Für die Neuerscheinungen

1

kommentierte Bibliographie verfasst.[7] Eine umfassende Überblicksdarstellung, die eine fundierte, differenzierte und alle Facetten der Entwicklung des Sports in der Zeit des Nationalsozialismus abdeckende Darstellung bietet, steht dennoch nach wie vor aus. Obgleich eine beachtliche Zahl von Einzeluntersuchungen vorliegt, ist der Sport in diesem Zeitraum bisher nur unzulänglich erforscht worden.[8] „Obwohl viele Aspekte zum Thema Nationalsozialismus bearbeitet und die Quellen [...] zum großen Teil auch bekannt sind, heißt das nicht, dass alle Fragen beantwortet wären."[9] In den letzten Jahren haben biographische Forschungen, Untersuchungen zum jüdischen Sport und vor allem lokal- und regionalhistorische Forschungen zusehends an Bedeutung gewonnen.[10]

Reichel betont im Zusammenhang mit Sport, dass sich das nationalsozialistische Regime (auch) über die Massenkultur definiert und legitimiert.[11] Allerdings stellt die jüngste deutsche Forschung ebenso heraus:

> „Das lange Zeit für gültig gehaltene Bild von ´Verführung und Gewalt´ als die beiden zentralen Kategorien, die das Verhalten des Regimes gegenüber der deutschen Bevölkerung kennzeichnen, ist nicht haltbar."[12]

In Bezug auf das nationalsozialistische Regime wird anstelle einer autokratischen ein Bild der vertikal wie horizontal polykratischen Herrschaft favorisiert. Entsprechend wenden sich die Historiker inzwischen verstärkt den sozio-ökonomischen Grund- und

---

aus den Jahren 2001-2007 zur Geschichte Deutschlands in der Zeit des Nationalsozialismus: Karl Dietrich und Hans-Peter Schwarz (Hrsg.), „Bibliographie zur Zeitgeschichte", Vierteljahreshefte für Zeitgeschichte, 80-95 (2000-2007).
[7] Vgl. Lorenz Peiffer, Sport im Nationalsozialismus: Zum aktuellen Stand der sporthistorischen Forschung. Eine kommentierte Bibliographie (Göttingen: Die Werkstatt, 2004).
[8] Vgl. Peiffer 13.
[9] Krüger, Leibesübungen im 20. Jhd. 115.
[10] Vgl. Peiffer, 13,14. Untersuchungen für Münster bieten Hans Langenfeld und Klaus Prange, Münster: Die Stadt und ihr Sport: Menschen, Vereine, Ereignisse aus den vergangenen beiden Jahrhunderten (Münster: Aschendorff Verlag, 2002) 298-304.
[11] Vgl. Peter Reichel, Der schöne Schein des Dritten Reiches: Faszination und Gewalt des Faschismus (München: Carl Hanser Verlag, 1991) 371.
[12] Ulrich Herbert zit. in Peiffer 11.

Rahmenbedingungen zu.[13] Richtungweisend erscheint die Feststellung, dass „[…] sowohl für die allgemeine Erziehungstheorie als auch für die Erziehungspraxis im Dritten Reich die Existenz eines geschlossenen, sinnvoll aufeinander abgestimmten Systems [negiert wird]."[14]

> „In der deutschen Turn- und Sportbewegung entwickelte sich von der Vereins- bis zur Verbandsebene eine ungeheure Eigendynamik in Bezug auf die Umsetzung von nationalsozialistischen politisch-ideologischen Grundsätzen."[15]

Studien, die einen regionalen und lokalen Bezug im Sportkontext des nationalsozialistischen Deutschlands herstellen, liegen lediglich vereinzelt vor. Durchgeführte Untersuchungen sind in der Mehrzahl dem Vereins- und Verbandssport zuzuordnen.[16] In Bezug auf Münster herrscht in diesem Bereich ein deutliches Defizit. Einen ersten Einblick in die Strukturen des Sports im nationalsozialistischen Münster bieten Langenfeld/Prange.[17] Hier setzt die vorliegende Arbeit an und versucht den Sport weiterführend in seinem Sinn- und Wirkungszusammenhang in Münster zu verorten. Zwar bezieht sich die vorliegende Arbeit zunächst nur auf das Beispiel der Gauhauptstadt Münster, doch darf nicht vergessen werden: „Stadtgeschichte im 20. Jahrhundert ist [...] immer auch allgemeine Zeitgeschichte, die Verschränkung von Lokalgeschichte und Nationalgeschichte."[18]

1.3 Fragestellung/Thesen

Der Sport, wie ihn die Münsteraner erleben, an ihm partizipieren (und mitgestalten), bietet den primären Zugang zum Thema. Dabei liegt folgende Fragestellung der Examensarbeit zugrunde: *Erfolgt in*

---

[13] Vgl. Heinz-Jürgen Priamus und Stefan Goch, Macht der Propaganda oder Propaganda der Macht?: Inszenierung nationalsozialistischer Politik im „Dritten Reich" am Beispiel der Stadt Gelsenkirchen (Essen: Klartext, 1992) 5.
[14] Gernot Friese, Anspruch und Wirklichkeit des Sports im Dritten Reich: Studien zum System nationalsozialistischer Leibeserziehung, Diss. Westfälische Wilhelms-U zu Münster (Wesf.) (Münster: 1973) 104.
[15] Peiffer 18.
[16] Vgl. Peiffer 19.
[17] Vgl. Langenfeld 267-369.
[18] Hans-Ulrich Thamer, „Stadtentwicklung und politische Kultur während der Weimarer Republik," Geschichte der Stadt Münster, Hrsg. Franz-Josef Jakobi, 3. Aufl., Bd. 2 (Münster: Aschendorff, 1994) 220.

Münster eine (von der Bevölkerung akzeptierte) Instrumentalisierung des Sports zugunsten nationalsozialistischer Ziele und Ideale?

Zunächst erscheint es für das Verständnis des Themenkomplexes notwendig, den Münsteraner Sport im historischen Kontext zu verorten. Danach folgt die Arbeit, um die Ausgangsfrage adäquat zu beantworten, in ihrem weiteren Verlauf folgenden Thesen.

These: Das Sportverständnis der Nationalsozialisten steht im ursächlichen Zusammenhang mit der Indienstnahme des Sports für parteipolitische Ziele und Ideale. Das Sportverständnis der Nationalsozialisten stellt den Sport in einen gesellschaftlichen und politischen Sinnzusammenhang. Dabei wird deutlich, ob und inwiefern die Nationalsozialisten die Intention verfolgen, den Sport für sich nutzbar zu machen bzw. zu instrumentalisieren.

These: Das Sportverständnis in Münster bezieht sich auch auf Werte, Normen und Vorstellungen aus Gesellschaft und Politik. Zentrale Aspekte des Münsteraner Sportverständnisses werden erarbeitet.

These: Der Sport in Münster wird gemäß nationalsozialistischen Interessen instrumentalisiert. Dabei sind zwei weitere Thesen richtungweisend: *1. Der Sport trägt dazu bei, das Ansehen der Nationalsozialisten zu steigern. 2. Der Münsteraner Sport vermittelt in seinem Sinnzusammenhang parteipolitische Ideale und Ziele der Nationalsozialisten.* Zunächst wird, zur Beantwortung der zweiten These das erarbeitete Münsteraner Sportverständnis zu dem der Nationalsozialisten in Beziehung gesetzt. Ausgehend von der Erkenntnis, inwiefern der Münsteraner Sport dahin gehend gedeutet wird im Sinne parteipolitischer Ziele und Ideale zu agieren, wird nach weitergehenden Wirkungszusammenhängen des Sports im gesellschaftlichen und politischen Kontext gefragt.

(These: Der Sport ist ein fester Bestandteil gesellschaftlichen Lebens in Münster.) Zur Beantwortung dieser These wird nach der Popularität des Sports in Münster gefragt.

Auf Grundlage der erarbeiteten Erkenntnisse wird letztlich die der vorliegenden Arbeit zugrunde liegende Fragestellung kritisch zu beantworten sein.

1.4 Theoretische Prämissen

Selbst in der Gegenwart erscheint es in der Wissenschaft problematisch, den Sportbegriff eindeutig abzugrenzen.

„Seit Beginn des 20. Jahrhunderts hat sich Sport zu einem umgangssprachlichen, weltweit gebrauchten Begriff entwickelt. Eine präzise oder gar eindeutige begriffliche Abgrenzung lässt sich deshalb nicht vornehmen. Was im allgemeinen unter Sport verstanden wird, ist weniger eine Frage wissenschaftlicher Dimensionsanalysen, sondern wird weit mehr vom alltagstheoretischen Gebrauch sowie von den historisch gewachsenen und tradierten Einbindungen in soziale, ökonomische, politische und rechtliche Gegebenheiten bestimmt. Darüber hinaus verändert, erweitert und differenziert das faktische Geschehen des Sporttreibens selbst das Begriffverständnis von Sport."[19]

Eine zusätzliche Problematik für die Definition des Sportbegriffs des vorliegenden Untersuchungszeitraumes ergibt sich daraus, dass es sich um eine Zeit handelt, welche enormen politischen und gesellschaftlichen Umbrüchen ausgesetzt ist. Entsprechend ändert sich das Begriffsverständnis von Sport. Eine moderne Definition des Begriffs heranzuziehen wäre ungeeignet. Die Definition des von mir verwandten Begriffs ist nun so formuliert, dass sie es zulässt, Wechselwirkungen in der Entwicklung des Sports und des nationalsozialistischen Regimes herauszuarbeiten ohne mögliche Untersuchungssphären von Beginn an auszuklammern.

Demnach ist Sport ein Tätigkeitsfeld, in dem Menschen sich in eine wirkliche oder auch nur vorgestellte Beziehung zu anderen Menschen begeben mit der bewussten Absicht, Fähigkeiten und Fertigkeiten, insbesondere auf dem Gebiet der Bewegungskunst, zu entwickeln, zu erhalten oder zu vergleichen.

---

[19] Peter Röthig (Hrsg.), <u>Sportwissenschaftliches Lexikon</u>, (Schorndorf: Hofmann, 1992) 338.

Das Sportverständnis entwickelt sich aus der Interpretation von Phänomenen, Ereignissen und Tendenzen, die im Sportzusammenhang Beachtung finden. Der Interpretation liegen dabei Werte, Normen und Vorstellungen zugrunde (die bei der reflektierten Thematisierung der Phänomene, Ereignisse und Tendenzen im Sportzusammenhang auch einer Infragestellung, und damit unter Umständen einem Neuentwurf ausgesetzt werden). Die dem Münsteraner Sportverständnis zugrunde liegenden Werte, Normen und Vorstellungen werden in Zeitungsberichten des MA auf Grundlage der verschiedenen Erscheinungsformen von Sport (einzelne Sportarten, Veranstaltungen, Wettkämpfe etc.) zum Ausdruck gebracht und verbreitet.

Der in dieser Examensarbeit verwandte Sportbegriff findet seine Anwendung und Sinngebung in erster Linie durch Ereignisse, Phänomene und Tendenzen in Münster. Sport stellt in diesem Kontext also einen regionalen Bezug her. Des Weiteren geht es um Aspekte, die in der Tageszeitung Münsterischer Anzeiger publiziert werden, also einen öffentlichen Charakter besitzen. Der Themenkomplex „Frauen und Sport" wird, um den Rahmen einer Examensarbeit nicht zu überschreiten, ausgeklammert.[20] Da die Nationalsozialisten „Leibesübungen" vor allem als „männliche Angelegenheit" betrachten, erscheint eine solche Reduktion an dieser Stelle legitim.[21] Ebenso wird auf die spezielle Darstellung der Juden im Münsteraner Sport verzichtet.

Ist von einer Instrumentalisierung im Sportkontext die Rede, so bedeutet dies die Nutzbarmachung oder Indienstnahme des Sports außerhalb des durch die vorliegende Definition begrenzten Begriffsverständnisses zugunsten jeglicher Phänomene, Ereignisse oder Tendenzen sowie Werte, Normen oder Vorstellungen. Dabei ist es zunächst unerheblich, ob die Nutzbarmachung oder Indienstnahme tatsächlich vorhanden ist oder bspw. nur suggeriert wird. Ebenso

---

[20] Für weitere Informationen: Langenfeld 227.
[21] Vgl. Winfried Joch, <u>Politische Leibeserziehung und ihre Theorie im Nationalsozialistischen Deutschland: Voraussetzungen – Begründungszusammenhänge – Dokumentation,</u> Europäische Hochschulschriften 31 (Frankfurt: Lang, 1976) 95.

erscheint es zunächst zweitrangig, ob diese für die beteiligten Personen unmittelbar wahrnehmbar ist oder nicht.

1.5 Methode/Quellen

In erster Linie stützt sich die Arbeit auf Ergebnisse, die aus dem Münsterischen Anzeiger gewonnen werden.[22] Die Methode der Zeitungsanalyse impliziert, dass eine weniger objektive, als vielmehr subjektive Quelle der Untersuchung zugrunde liegt. Eine Einflussnahme nationalsozialistischer Ideologie und Propaganda erscheint wahrscheinlich. Gerade wenn politische Aspekte in der Sportberichterstattung eine Rolle spielen, muss von einer signifikanten Subjektivität ausgegangen werden. Mit der Berichterstattung werden Intentionen verfolgt.

Auf der anderen Seite hält sich die nationalsozialistische Presselenkung in Bezug auf die Sportberichterstattung auffallend zurück.[23] Zudem handelt es sich bei dem Münsterischen Anzeiger nicht um ein „Hetzblatt" der Partei, sondern um eine bürgerliche Zeitung, dessen Schreibstil auf einen allgemeinen Konsens in der Münsteraner Bevölkerung stößt. Diese Einschätzung unterstreicht der Stimmung- und Lagebericht der NSDAP-Gauleitung Westfalen-Nord vom April 1937:

„Bisher gehörte das am meisten gelesene und früher als zentrümlich schwärzest gefärbte Zeitungsorgan `Münsterischer Anzeiger' wohl zu 51% der Zeitungsgesellschaft der NSDAP, war aber an den ursprünglichen Verlag zurückvermietet und brachte durch versteckten und offenen Widerstand gegen

---

[22] Vgl. MA 01.01.1923-31.12.1939.
[23] Vgl. Hans Bohrmann, <u>NS-Presseanweisungen der Vorkriegszeit: Edition und Dokumentation</u> Bd. 1: 1933 (München, New York, London, Paris: Saur, 1984) 24: Die Lenkung der Presse erfolgt einerseits durch die Nachrichtengebung des Deutschen Nachrichtenbüros (DNB), andererseits durch die Weisungen auf den Pressekonferenzen des RMVP (Reichsministerium für Volksaufklärung und Propaganda). Während für das Jahr 1934 keine signifikanten Weisungen erfolgen (Lediglich drei Weisungen, die sich überhaupt auf Sport beziehen), findet sich am 10. Jan. 1938 nur eine Weisung, die für das vorliegende Thema von Relevanz erscheint: „Die deutsche Presse wird gebeten, sich in Zukunft mehr dem Amateursport zuzuwenden. [...] Deutschland kann auf den Berufssport nicht verzichten, seine besondere Förderung gilt aber dem Amateursport." (ZSg. 101/11/17Nr. 49) zit. in Bohrmann, Bd. 4, 78.

das weltanschauliche Wollen der Partei immer wieder die wahre [sic!] politisch-katholische Gesinnung in das breite Land ."[24]

Dass jedoch auch nach 1937 von einer grundsätzlichen Zustimmung der Münsteraner zur Berichterstattung des MA auszugehen ist, belegt indirekt die nach wie vor hohe und sogar steigende Durchschnittsauflage der Tageszeitung. Somit kann der MA im Oktober 1938 mit durchschnittlich 41 000 Exemplaren eine Rekordauflage (unter nationalsozialistischer Herrschaft) verkünden. Allein in den letzten 12 Monaten sei dabei ein Zugang von über 5 000 zahlenden Beziehern zu verzeichnen.[25,26]

Wenn die Berichterstattung nach wie vor auf eine gewisse Zustimmung in der Bevölkerung trifft, kann im Umkehrschluss davon ausgegangen werden, dass der subjektiven Darstellung des Sports in der Zeitung ein reales oder zumindest ein in der Gesellschaft ähnlich wahrgenommenes Verständnis von Sport zugrunde liegt. Die Berichterstattung kann sich folglich nur erfolgreich zwischen Fakt, subjektiver Wahrnehmung und Propaganda bewegen ohne ihre Leserschaft zu verprellen, indem Phänomene, Ereignisse und Tendenzen, die mit Sport in Verbindung stehen, herausgestellt, in den Hintergrund gerückt oder ausgeblendet werden. Eine völlige Umdeutung entgegen der gesellschaftlichen Wahrnehmung von Sport dürfte grundsätzlich nicht zu erwarten sein. Mit der Tageszeitung liegt der vorliegenden Untersuchung daher eine Quelle zugrunde, die es möglich macht, den Sport in seinem Sinnzusammenhang und damit im gesellschaftlichen und politischen Kontext zu begreifen.

Neben den Jahren der Vorkriegszeit des nationalsozialistischen Regimes im Allgemeinen stehen im Speziellen vor allem die Jahre 1934 und 1938/39 im Mittelpunkt der Untersuchung. Zudem werden, um Zusammenhänge und Entwicklungen dabei besser zu verdeutlichen, vereinzelt Aspekte, die zur Zeit der Weimarer Republik von Bedeutung sind, herausgestellt und zum Vergleich herangezogen. Der Fokus auf

---

[24] Joachim Kuropka, Meldungen aus Münster 1924-1944 (Münster: Regensberg, 1992) 184-185.
[25] Vgl. MA 06.11.1938.
[26] Im Januar 1934 beträgt die Durchschnittsauflage des MA 31 849. Vgl. MA 06.01.1934.

die zwei prägnanten Zeitabschnitte, 1934 und 1938/39, gewährleistet eine gezielte und adäquate Bearbeitung, Auswertung und Präsentation des umfangreichen Materials im Rahmen einer Examensarbeit. Um erste Tendenzen unter den veränderten Bedingungen der neuen Machthaber zu erkennen, bietet sich das Jahr 1934 an. Die erste Phase der allgemeinen Gleichschaltung ist bereits im vollen Gange. Im Frühsommer erlebt Münster eine Offensive des Parteisports. Schutzstaffel (SS), Sturmabteilung (SA), Hitler Jugend (HJ) und Bund Deutscher Mädels (BDM) organisieren Sport abseits der Vereine und des aufgelösten örtlichen Sportführerrings. Der Reichsbund für Leibesübungen, Ortsgruppe Münster wird neu konstituiert und bringt dadurch Partei- und Vereinport unter ein organisatorisches Dach. (Vertreter der SA und der HJ werden aufgenommen).[27] Letztlich werden die Jahre 1938/39 als Referenz herangezogen, um ggf. Kontinuitäten, aber auch Veränderungen und damit Entwicklungen des Sports in seinem Sinnzusammenhang aufzeigen zu können. Der Sport zur Zeit des Zweiten Weltkriegs unterliegt erneut gravierenden Umwälzungen, die nicht Gegenstand dieser Untersuchung sind.

Die Wahl, primär den MA als Quelle zu verwenden, bietet sich an, da die Tageszeitung durchgängig während des gesamten Untersuchungszeitraumes erscheint, führend in Münster ist und regelmäßig über das lokale Sportgeschehen berichtet.[28]

---

[27] Vgl. Langenfeld 295.
[28] Für weitere Informationen: Albert Wand und Joseph Hohmann, Aus der Geschichte der deutschen Presse. Ausstellung des Westfälisch-Niederrheinischen Instituts für Zeitungsforschung der Stadt und Landesbibliothek Dortmund aus Anlass seines 25-jährigen Bestehens (Dortmund, Lensing, 1951).

2. Historische Einführung

„Sport" ist ein moderner und heute auch weltweit bekannter Begriff. Im 18. und 19. Jahrhundert taucht er in England als Bezeichnung für die Freizeitvergnügen der englischen Oberschicht, der Gentlemen, auf. Von diesen Wurzeln ausgehend verbreitet er sich auf dem europäischen Kontinent, in den Ländern des „britischen Weltreiches", nach Amerika und in den Rest der Welt.[29] Der Sport, gemäß diesem Verständnis, nimmt auf dem europäischen Festland in der Pädagogik und den Internatsschulen, die von deutschen Philanthropen seit den 1770er Jahren gegründet werden, seinen Anfang. Als Friedrich Ludwig Jahn ab 1811 beginnt, schulunabhängige Turngemeinden als Teile der Nationalbewegung ins Leben zu rufen, lösen sich die Leibesübungen erstmals aus dem schulischen Rahmen. Turnen kann sich somit zu einer breiten Massenbewegung während der ersten Hälfte des 19. Jahrhunderts ausdehnen. Zunehmend übernehmen auch Schule und Armee das Turnen sowie die sich parallel dazu entwickelnde Gymnastik.[30] Das neu entwickelte kämpferische und leistungsbezogene Moment gerät um 1900 in eine Krise. Es ist in erster Linie die Jugend- und Wanderbewegung, die „zurück in die Natur" drängt.[31] „Dennoch wurde auch dies nicht der beherrschende Trend, sondern jenes Leistungsprinzip, dem es um das `Schneller, Höher, Stärker' ging."[32]

Der rasanten Entwicklung, der der Sport seit seinen Anfängen ausgeliefert ist, macht deutlich, dass Sport „[...] nicht natürlich, nicht selbstverständlich, sondern gesellschaftlich so relativ [ist] wie andere Aspekte unserer Alltagskultur"[33]. Um sich dem Sportbegriff zu nähern,

---

[29] Vgl. Michael Krüger, Teil 1. Von den Anfängen bis ins 18. Jahrhundert, Sport und Sportunterricht: Grundlagen für Studium, Ausbildung und Beruf 8 (Schorndorf: Hofmann, 2004) 11.
[30] Vgl. Henning Eichberg, „Zivilisation und Breitensport. Die Veränderung des Sports ist gesellschaftlich", Sozialgeschichte der Freizeit: Untersuchungen zum Wandel der Alltagskultur in Deutschland, Hrsg. Gerhard Huck, (Wuppertal: Hammer, 1980) 78-79.
[31] Vgl. Eichberg, Zivilisation und Breitensport 85.
[32] Eichberg, Zivilisation und Breitensport 85. Henning Eichberg, „`Schneller, höher, stärker': Der Umbruch in der deutschen Körperkultur um 1900 als Signal gesellschaftlichen Wandels," Die Veränderung des Sports ist gesellschaftlich: Die historische Verhaltensforschung in der Diskussion, 2. Aufl. (Münster: Lit, 1990) 185-200.
[33] Eichberg, Zivilisation und Breitensport 93.

spielt der gesellschaftliche (und politische) Kontext, in dem der Sport eingebettet ist, eine entscheidende Rolle. Das Sportverständnis stellt den Sport in seinen Sinnzusammenhang. Er ist eben nicht „fest", sondern historisch und damit Veränderungen unterworfen.[34]

2.1 Sport in der Weimarer Republik

Das kulturelle und politische Leben Münsters wird von der Dominanz des katholischen Milieus bestimmt.[35,36] Um die Jahre der Weimarer Republik in prägnante Zeitabschnitte aufzuteilen, lässt sich festhalten:

> „Die Zäsuren in der politischen wie in der wirtschaftlich-sozialen Geschichte Münsters waren dieselben wie auf Reichsebene: die Phase der revolutionären Erschütterungen von 1918 bis 1923, die kurze Zeit der relativen Stabilisierung von 1924 bis 1929, die Zeit der Wirtschafts- und Staatskrise von 1929 bis 1933."[37]

Dabei beeinflusst die Revolution von 1918/19 das politische Leben der Provinzialhauptstadt nur wenige Wochen. Während sich die gesellschaftlichen Machtverhältnisse nicht ändern, wandelt sich die politische Kultur nur langsam.[38]

Am 11. August 1919 erfolgt die Gründung des Stadtverbandes für Leibesübungen, dem sich 26 Turn- und Sportvereine anschließen.[39] Auffällig erscheint, dass im Stadtparlament keine Partei vertreten ist, die die Förderung des Sports in ihr Programm aufgenommen hat.[40] Es verwundert nicht, dass sich die Sportler mit einer unkoordinierten, wenig effektiven Sportpolitik konfrontiert sehen.[41] (Damit einhergehend erfolgt eine unzureichende Unterstützung der

---

[34] Einen Überblick über die Geschichte des Sports bietet: Krüger, Teil 1. Von den Anfängen bis ins 18. Jahrhundert. Krüger, Teil 2. Leibeserziehung im 19. Jahrhundert: Turnen fürs Vaterland. Krüger, Teil 3. Leibesübungen im 20. Jahrhundert: Sport für alle.
[35] Vgl. Thamer 219.
[36] Einen historischen Überblick über Münster zur Zeit der Weimarer Republik bietet: Thamer 219-248.
[37] Thamer 219.
[38] Vgl. Thamer 220.
[39] Entgegen dem allgemeinen Trend in Deutschland kommt es 1918 in Münster nicht zu einer exzessiven Zunahme von Vereinsgründungen. Der Mitgliederschwund auf Grund des Krieges drängt hingegen zu zahlreichen Auflösungen oder Fusionen. Langenfeld 204.
[40] Vgl. Langenfeld 258.
[41] Vgl. Langenfeld 260.

Sportvereine durch die Stadt.[42]) Zwar dient der Bau der Halle Münsterland, sowie der Ausbau der Loddenheide zum Zivilflugplatz mit Anbindung an das Luftverkehrsnetz ab 1919 nicht in erster Linie dem Sport, wird aber dennoch dahingehend werbewirksam vermarktet.[43] Trotzdem fehlt es insgesamt an Sportstätten in der Stadt.[44,45] Auch die Aussage des Oberbürgermeisters, es werde „alles geschehen, was nur eben geschehen könne für eine weitere Ausbildung und Verbreitung des Sports", da schließlich „überall die rechte Stimmung für die Wünsche der münsterschen Jugend und der Sportfreunde vorhanden" sei, bleibt ein leeres Versprechen.[46] Dass eine Sportbegeisterung in Münster vorhanden ist, unterstreicht die Einweihung des vom SC Preußen erbauten Stadions. Im Juni 1926 schreibt der MA: „Viele werden heute Nachmittag erstmalig einen Begriff davon bekommen haben, was Sport bedeutet und sein kann."[47] Und der MA berichtet weiter, dass zusätzliche Straßenbahnen und Autobusse eingesetzt werden müssen, um den Zuschauerandrang zu bewältigen. Dennoch bleibt auch 1928 die Gesamtmitgliederzahl der Münsteraner Vereine mit 12 210 (9 523 Männer, 2 687 Frauen) unterdurchschnittlich im nationalen Vergleich.[48] Gleichzeitig werden neue, kleinere Vereine, wie z.B. der Boxsport-Club Münster von 1923, und neue Sportarten etabliert. Vor allem die „Kampfspiele" (in erster Linie Fußball, Handball, Hockey, Wasserball und Schlagball) gewinnen an Bedeutung.[49] In den 20er-Jahren entstehen zudem Militärsportvereine, die eng mit der Struktur der Reichswehr verflochten sind.[50]

---

[42] Vgl. Langenfeld 261.
[43] Vgl. Langenfeld 258.
[44] Vgl. Langenfeld 261.
[45] Die DJK wird finanziell unterstützt von Kirche, Stadt und Staat (mit Jugendpflegemitteln); so versorgt sie die Stadt mit dringend benötigten Sportstätten. Vgl. Langenfeld 226.
[46] Dr. Georg Sperlich (Jurist und Zentrumsabgeordneter, von 1909 bis 1919 Stadtkämmerer und von 1920 bis 1932 Oberbürgermeister.) zit. in Westfälische Landeszeitung (WLZ) 03.05.1920.
[47] MA 14.06.1926.
[48] Vgl. Langenfeld 204.
[49] Vgl. Langenfeld 253.
[50] Bekannteste Mannschaft des Militärsportvereins in Münster ist der VfL II/18 Münster. Vgl. Langenfeld 238.

Der konfessionelle Sport nimmt in Münster eine dominante Stellung ein. Während der evangelische Eichenkreuz-Verein Münster 1928 jedoch lediglich auf 97 Mitglieder verweisen kann[51], prägt seit 1920 der katholische Sport in Form der Deutschen Jugend Kraft (DJK) die Münsteraner Sportlandschaft.[52,53] Entsprechend richtet die DJK eigene Fußball-, später Faustball und Handballrunden ein und untersagt gar das Wettspiel mit verbandsfremden Vereinen, sowie die Doppelmitgliedschaft in DJK auf der einen und nicht-katholischen Vereinen auf der anderen Seite.[54] Das Sporttreiben in Münster spaltet sich im Wesentlichen in zwei Lager: Dem Sportverständnis der „bürgerlichen Vereine" steht die DJK ablehnend gegenüber.[55] (Das Sportverständnis der DJK wird im weiteren Verlauf der vorliegenden Arbeit noch einmal aufgegriffen.)

Die verhältnismäßig geringe Anzahl „bürgerlicher", nicht konfessioneller Sportvereine erklärt sich in erster Linie durch die Dominanz des katholischen Sports.[56] Katholiken finden sich in den „bürgerlichen" Sportvereinen vor allem dann, wenn sie am Wettkampfsport interessiert sind.[57] Das Sportverständnis der „bürgerlichen" Vereine, um dies in einem Satz zusammenzufassen, lehnt sich in der Regel an die Olympische Idee an, beinhaltet aber auch nationale Elemente wie „Kampfgeist", „Dienst an der Gemeinschaft" und „Kraft und Stärke".[58,59]

Infolge des starken kirchlichen Einflusses können Arbeitersportvereine in Münster kaum Fuß fassen. Der freie Sportverein, zu dem sich Mitte der 20er die freie Turnerschaft und die freien Schwimmer zusammenschließen, bleibt eine Ausnahme.[60] Dies erscheint vor allem in Hinblick auf die landesweite Entwicklung erwähnenswert, denn

---

[51] Vgl. Langenfeld 226.
[52] Vgl. Langenfeld 203.
[53] Ende der 20er-Jahre gehören 31% aller männlichen Turn- und Sportvereinsmitglieder in Münster einem DJK Verein an. Vgl. Langenfeld 222.
[54] Vgl. Langenfeld 225.
[55] Vgl. Langenfeld 224.
[56] Vgl. Langenfeld 222.
[57] Vgl. Langenfeld 215.
[58] Vgl. Krüger, Sport für alle 100, 114.
[59] Für weitere Informationen: Langenfeld, 195-267.
[60] Vgl. Langenfeld 203.

„[...] der zweite große Gegensatz, der das Turn- und Sportleben in der Weimarer Republik beherrschte, war der zwischen bürgerlicher Turn- und Sportbewegung auf der einen und der Arbeiterturn- und Sportbewegung auf der anderen Seite; sie bildete vor den konfessionellen Verbänden die zweite Säule des organisierten Sports in Deutschland."[61]

Insgesamt erhält der Sport im öffentlichen Leben bereits in der Weimarer Republik einen enormen Aufschwung. Sowohl Vereins- als auch Schulsport treten mehr als zuvor ins Bewusstsein der Öffentlichkeit. Die Bedeutung des Sports für Gesellschaft und Politik wird hervorgehoben.[62] Dies gilt nicht nur auf nationaler Ebene, sondern eben auch für Münster.[63] Sport ist zum Massenphänomen geworden. Dies manifestiert sich sowohl an den zahlreichen aktiven Sportlern, als auch an den Massen begeisterter Zuschauer.[64] Am 12. Juli 1925 wird in Münster die dritte (Sport-)Rundfunkreportage Deutschlands ausgestrahlt, die für Furore sorgt. Und doch bleibt dies eine Ausnahme. Die Zeitung bleibt das zentrale Medium der Sportberichterstattung.[65]

2.2 Sport im nationalsozialistischen Deutschland

Die Veränderungen im Parteiengefüge zugunsten der NSDAP kündigen sich bereits bei den Kommunalwahlen vom 17. November 1929 an.[66] Zwar liegen auch später die Wahlergebnisse und Mobilisierungserfolge der Nationalsozialisten in Münster deutlich unter dem Reichsdurchschnitt, doch letztlich läuft die nationalsozialistische Machtergreifung nach denselben Mustern und Rhythmen wie im Rest des Reiches ab.[67,68]

„Weder die Kommunalpolitik mit ihren Skandalen und Kontroversen noch die Wirtschafts- und Finanzsituation im Reich, in den Ländern und der eigenen Stadt schufen Vertrauen in die Leistungsfähigkeit und Legitimation der

---

[61] Krüger, Sport für alle 102.
[62] Vgl. Krüger, Sport für alle 90.
[63] Vgl. Langefeld 114.
[64] Vgl. Christiane Eisenberg, „Deutschland," Fußball, soccer, calcio. Ein englischer Sport auf seinem Weg um die Welt, Hrsg. Christiane Eisenberg, (München: Deutscher Taschenbuchverlag, 1997) 104.
[65] Vgl. Langenfeld 211.
[66] Vgl. Thamer 277.
[67] Vgl. Thamer 220.
[68] Für weitere Informationen: Thamer 281-283.

politischen Verfassung und kommunalen Selbstverwaltung. Eine Folge davon war die nachlassende Integrationsfähigkeit der politischen Parteien, vor allem des Zentrums. Es entstanden wirtschaftliche Interessensparteien bzw. Parteiabspaltungen, von denen letztlich die NSDAP profitierte."[69]

In der zügigen Neugliederung des öffentlichen Sports dokumentiert sich das große Interesse, dass der nationalsozialistische Staat dem Sport entgegenbringt.[70]

„Unter der Parole von der Einheit der Volksgemeinschaft lief bald nach der Reichstagswahl vom 05. März 1933 eine Propaganda- und Zwangskampagne an, die unter dem Schlagwort „Gleichschaltung" alle Lebensbereiche dem Willen der NSDAP unterwerfen sollte."[71]

Parallel zur Neuordnung des Sports erfolgt die Zerschlagung vor allem von sportlichen Gruppen mit ideologischer Gegenposition zu den Nationalsozialisten.[72] In Münster bedeutet dies zunächst die Auflösung der Arbeitersportvereine, welche problemlos verläuft und kaum Spuren hinterlässt.[73] Dabei regt sich kein Widerstand von Seiten der katholischen Kirche, da sie den Feind eher in der politisch Linken erkennt, während sie glaubt, sich mit der Rechten arrangieren zu können.[74] Zu Beginn der Saison 1933/34 werden die Münsteraner DJK Mannschaften den neu geschaffenen einheitlichen Spielklassen zugeordnet. Dies trifft insgesamt auf Zustimmung, da es die Identität der DJK durch den Wettkampf mit Anderen fördert und zusätzliche Leistungsanreize schafft.[75] Doch zusehends werden die konfessionellen Vereine in ihren Aktivitäten eingeschränkt.[76] Zum aggressiven Vorgehen gegen die DJK gehört neben der Ermordung des Reichsführers Albert Probst das Spielverbot der DJK zur Spielserie 1934/35 sowie die allgemeine Behinderung der sportlichen Arbeit.[77]

---

[69] Thamer 274-275.
[70] Vgl. Joch 37.
[71] Joachim Kuropka, „Münster in der nationalsozialistischen Zeit", Geschichte der Stadt Münster, Hrsg. Franz-Josef Jakobi, 3. Aufl., Bd. 2 (Münster: Aschendorff, 1994) 300.
[72] Vgl. Joch 28.
[73] Vgl. Langenfeld 279.
[74] Vgl. Langenfeld 279ff.
[75] Vgl. Langenfeld 283.
[76] Vgl. Joch 28.
[77] Vgl. Langenfeld 283.

Während sich die Katholiken in Münster diesbezüglich eher unauffällig als demonstrativ widerständlerisch verhalten, hat die Partei kein Interesse daran die Katholiken in einen offenen Widerstand zu treiben. Entsprechend können einige alltägliche und festtägliche Bereiche von den Nazis nicht durchdrungen und „gleichgeschaltet" werden.[78,79] Zahlreiche Sportler treten den „bürgerlichen" Vereinen bei und ehemalige DJK Funktionäre erhalten ungeahnte Wirkungsmöglichkeiten im Deutsche Reichsbund für Leibesübungen (DRL).[80]

Wie die Partei so ist auch der DRL (seit dem 21. Dezember 1938 Nationalsozialistischer Reichsbund für Leibesübungen (NSRL)) nach dem Führerprinzip aufgebaut.[81,82] Führer des Sportgaues Münster IX Westfalen ist SA-Brigadeführer Max Lorenz aus Münster.[83,84] Gau-, Bezirks- und Ortsführer sind die „alten bekannten Gesichter", d.h. die nationalsozialistische Führerriege Münsters sind Fachleute und Aktive, kurz: begeisterte Vereinsmitglieder (bspw. Dr. Max Ostrop, Walter Pralle, Heinz Pielsticker, usw.).[85] (Die Vereinsführer übernehmen auch die so genannte „Dietarbeit", die weltanschauliche Schulung der Mitglieder, oder bestimmen einen linientreuen Parteigenossen.[86]) Bereits am 10. Mai 1933 kommt es zur Auflösung des Reichsausschusses für Leibesübungen zugunsten des Reichsführerrings. Am 27. Juli 1934 wird schließlich der DRL gegründet.[87] Dieser bevorzugt den Zusammenschluss von Vereinen zu größeren „Sportgemeinschaften", räumt den Vereinen aber gleichzeitig die Alternative ein, nach den Vorgaben des DRL weiter zu bestehen.[88]

---

[78] Vgl. Langenfeld 268.
[79] Für weitere Informationen: Kuropka, Meldungen aus Münster 416-606. Langenfeld 1-287.
[80] Vgl. Langenfeld 277.
[81] Vgl. Langenfeld 312.
[82] Für ausführliche Informationen zur Organisation des Sports im nationalsozialistischen Deutschland: Hajo Bernett, Der Weg des Sports in die nationalsozialistische Diktatur, Beiträge zur Lehre und Forschung im Sport 87, (Schorndorf: Hofmann, 1983).
[83] Vgl. Langenfeld 313.
[84] Vgl. Portrait zur Person: Langenfeld 313-315.
[85] Vgl. Langenfeld 342.
[86] Vgl. Langenfeld 319.
[87] Vgl. Joch 28.
[88] Vgl. Langenfeld 283.

In der Praxis bedeutet dies für Münster, dass alte persönliche Bindungen der Mitglieder nicht aufgegeben werden müssen und interessante Wettkampf- und Spielmöglichkeiten zusätzlich geboten werden.[89] Obwohl die HJ zunehmend die komplette sportliche Jugenderziehung übernimmt, bleiben die Vereine Zentrum der sportlichen Ausbildung, da sie über entsprechende Anlagen und Trainer verfügen.[90] Insgesamt ist ein Trend hin zu Mehrsparten-Großvereinen zu beobachten, so dass neben einem ausgeweiteten Wettkampfsystem die großen Clubs nach 1933 steigende Mitgliederzahlen verbuchen.[91] So stellt Joch fest: Vereine, die traditionsgemäß in Deutschland Träger der sportlichen Leistung waren, werden nicht zerschlagen, und damit kann die „Basis" des Sports weiter arbeiten.[92] Ergänzend schreibt Friese: Die eingeleiteten Maßnahmen bedeuten „für das Innenleben der Vereine und die Qualität ihrer sportpraktischen Arbeit relativ wenig".[93]

Letztlich kann auch für Münster festgehalten werden, dass die Spannungen innerhalb der verschiedenen Interessensgruppen im Sport allmählich einer neuen, wenn auch staatlich diktierten, Gemeinsamkeit weichen.[94] Obwohl der Weg dorthin fragwürdig erscheint, so erschien die organisatorische Trennung anachronistisch, hatten sich die Vereine doch ohnehin ideologisch angeglichen.[95] Während die Atmosphäre auf sportlicher Ebene einen erheblichen Aufschwung erfährt[96], nutzen die Gliederungen der NSDAP, Kraft durch Freude (KdF) und der Betriebssport die Sportstätten der Vereine, werden in Spielrunden der Vereine eingegliedert und werben gute Vereinssportler ab.[97] Auch die „Wehrverbände" der NSDAP, SA und SS, sind in der Gauhauptstadt mit höheren Dienststellen vertreten und engagieren sich im Sport.

---

[89] Vgl. Langenfeld 284.
[90] Vgl. Langenfeld 308, 350.
[91] Vgl. Langenfeld 344, 348.
[92] Vgl. Joch 29.
[93] Vgl. Friese 73.
[94] Vgl. Hartmut Lissina, Nationale Sportfeste im nationalsozialistischen Deutschland, (Mannheim: Palatium, 1997) 431.
[95] Vgl. Reichel 157.
[96] Es kann ein einheitlich organisiertes, deutlich ausgebautes Wettkampfsystem etabliert werden; erfolgreiche Sportler, Trainer, Funktionäre erhalten die Möglichkeit zu Wettkämpfen, Fortbildungen, Trainingslagern zu reisen, und die Besten gar zur Reichsakademie für Leibesübungen. Vgl. Langenfeld 278.
[97] Vgl. Langenfeld 342.

Nationalsozialistische Parteigliederungen u.ä. werden zum alltäglichen Bestandteil des Münsteraner Sportgeschehens.[98] Auf Grundlage der geschilderten Strukturen des Sports in Münster zeichnet sich bereits ab, dass sich das Sportverständnis zwischen den Weltkriegen grundlegend wandelt. „Wie keine zweite Kulturbewegung begann [der Sport], die Gesellschaft zu verändern und sie ihn."[99]

---

[98] Vgl. Langenfeld 304.
[99] Reichel 255.

3. Sportverständnis der Nationalsozialisten

Seit 1933 propagieren die neuen Machthaber ihre eigenen Vorstellungen von der Rolle des Sports in Deutschland. Bei der Erarbeitung zentraler Aspekte des nationalsozialistischen Verständnisses von Sport ergibt sich die Schwierigkeit, dass dem Nationalsozialismus keine einheitliche, sozusagen parteiamtliche Konzeption zugrunde liegt.[100] Wurde die Einheitlichkeit der „nationalsozialistischen Leibeserziehung" lange Jahre für selbstverständlich gehalten, so besteht sie weder in Theorie noch Praxis.[101] Hitlers Ausführungen zu diesem Thema bieten Erziehungswissenschaftlern, Sportpädagogen und sogar Sportfunktionären im dritten Reich die Möglichkeit seine Ansätze zu einer umfassenden Theorie auszubauen. Dies impliziert auch, dass Hitlers programmatische Aussagen erhebliche Spielräume zulassen. Werden die Grundlagen des NS-Staates und die Anerkennung seines Machtanspruches nicht in Frage gestellt, können diese Spielräume genutzt werden.[102]

Im Folgenden werden Leitgedanken der NS-Ideologie herausgestellt, die Aufschluss über das nationalsozialistische Sportverständnis geben. Hierbei beschränkt sich die Darstellung im Wesentlichen auf Aspekte, die für das Sportverständnis, so wie es in der Öffentlichkeit zum Ausdruck kommt und vertreten wird, von Bedeutung sind. Widersprüche und Ungereimtheiten sowohl zwischen als auch innerhalb der einzelnen Theorien werden im Rahmen dieser Arbeit nicht behandelt.[103]

Durch die Auswahl der drei Personen Adolf Hitler, Alfred Baeumler und Hans von Tschammer und Osten und deren Erläuterungen im Sportzusammenhang, lässt sich das Sportverständnis der nationalsozialistischen Machthaber repräsentativ skizzieren. Hitler,

---

[100] Vgl. Joch 42.
[101] Friese verweist in diesem Zusammenhang auf „pluralistische Ansätze". Vgl. Friese 114.
[102] Vgl. Joch 43.
[103] Für weitere Informationen: Lothar Tietze, Nationalsozialistische Leibeserziehung: Ursprung und Entwicklung ihrer Theorie, (Diss. U Düsseldorf. Düsseldorf: 1984).

als Führer der NS-Bewegung, legt mit „Mein Kampf" die ideologische Grundlage sowohl für das nationalsozialistische Sportverständnis als auch für die Arbeiten von Baeumler und Tschammer.[104,105] Baeumler ist hierbei der einzige Wissenschaftler von Rang an repräsentativer Stelle, der sich relativ ausführlich den Leibeserziehungen widmet.[106,107,108] Andere Autoren bleiben mit ihren Ansätzen im Wesentlichen in den von Hitler und Baeumler gesetzten Grenzen.[109] Tschammers Darstellungen sind dennoch von übergeordnetem Interesse, da ihm mit der Ernennung zum Reichssportkommissar (28. April 1933) und Reichssportführer (19. Juli 1933) das gesamte deutsche Turn- und Sportwesen untersteht.[110] Mit dem Amt des Reichssportführers erhält er den Auftrag, „die zersplitterte deutsche Turn- und Sportbewegung zu einem Bund zusammenzuschließen".[111] Somit sind seine Darstellungen, welche in Reden und Publikationen zum Ausdruck kommen, hervorragend dazu geeignet eine Brücke zwischen dem theoretischen Sportverständnis (Hitler, Baeumler) und dem Sportverständnis, wie es letztlich in der Öffentlichkeit auftaucht und vermittelt wird, zu bilden. Die Bestätigung von Tschammers Sportverständnis findet Ausdruck in der Überführung des DRL zum NSRL am 21. Dezember 1938. Unter seiner Führung erhält der Deutsche Reichsbund für Leibesübungen nun auch äußerlich den Namen und Charakter einer nationalsozialistischen Organisation.[112]

---

[104] Ergänzt werden die Ausführungen durch Reden.
[105] Vgl. Adolf Hitler, Mein Kampf, 25. Aufl. (München: Eher, 1930).
[106] Vgl. Joch 65,12.
[107] „[…] Die konkrete Praxis des Sports und der Leibeserziehung [ist] nicht Gegenstand der Bemühungen Baeumlers […], sondern die Lieferung eines Begründungszusammenhangs der Theorie der politischen Leibeserziehung." Joch 88.
[108] „Eine zusammenhängende, jedoch nicht immer stringente Theorie der nationalsozialistischen Leibeserziehung hat nur der Philosoph und Pädagoge Alfred Baeumler konzipiert. Sein Ansatz gründet im Wesentlichen auf denselben ideologischen Maximen wie die Beiträge der anderen Autoren, doch geht er in seiner Ausführlichkeit weit über deren Entwürfe hinaus." Tietze 222.
[109] Vgl. Tietze 223.
[110] Vgl. Joch 28.
[111] Vgl. Hans von Tschammer und Osten, „Der deutsche Sport im Reiche Adolf Hitlers, Hrsg. Hans Pfundtner Wilhelm Frick und sein Ministerium: Aus Anlaß des 60. Geburtstages des Reichs- und preußischen Ministers des Innern Dr. Wilhelm Frick am 12. März 1937, (München: Eher, 1937) 109.
[112] Vgl. Bernett 78.

3.1 Adolf Hitler

Hitler stellt Sport nicht nur als Prophylaxe gegen Gesundheitsschäden heraus, sondern erkennt ihn auch als mögliches Therapiemittel gegen bestehende Leiden an.[113] Er preist die durch Sport erworbene „körperliche Widerstandskraft" als ein probates Mittel, sich „den ungesunden Verlockungen des Lebens" zu widersetzen.[114] Sein Verständnis der „Volksgesundheit" bezieht sich jedoch nicht ausschließlich auf körperliche Aspekte. Er bezeichnet denjenigen als gesund, der das deutsche Postulat „Reinerhaltung und Stärken der Rasse" anerkennt. Er betont, dass davon im Wesentlichen das Schicksal des Volkes abhängt, wenn er die Zusammenhänge zwischen „Rassenreinheit" und den zu erwartenden „großen Umwälzungen" darlegt.[115] Die physische Verfassung steht in ursächlicher Verbindung zu den psychisch-intellektuellen Fähigkeiten. („Ein gesunder, kraftvoller Geist" kann nur in einem „gesunden, kraftvollen Körper" wohnen).[116] Die Gesundheit des einzelnen Menschen ist nach Hitlers Auffassung notwendige Voraussetzung der Wehrtauglichkeit.[117]

Die Verwirklichung von Hitlers imperialistischen Plänen ist nur mit „entsprechendem Menschenmaterial" sowie einer Wehrmacht, die sich durch quantitative und qualitative Vorteile gegenüber den Armeen der übrigen europäischen Staaten auszeichnet, zu erreichen.[118] Neben der von Hitler propagierten Rassenungleichheit lässt sich hieraus die für die Nationalsozialisten immanente Bedeutung des Sports herleiten.[119] Die Bedeutung des Sports in diesem Kontext wird klar, wenn Hitler herausstellt, dass Sport als Vorbereitung auf den Wehrdienst die Zeit der soldatischen Ausbildung um ein Vielfaches verlängert.[120] Schließlich geht es im Sport nicht um das „einpumpen bloßen Wissens", sondern um das „Heranzüchten kerngesunder

---

[113] Vgl. Joch 63.
[114] Hitler führt vor allem die sexuelle Verlockung an, die Geschlechtskrankheiten verbreitet. Tietze 63.
[115] Vgl. Hitler 475.
[116] Vgl. Hitler 452.
[117] Vgl. Tietze 65.
[118] Vgl. Tietze 69.
[119] Vgl. Tietze 69.
[120] Vgl. Tietze 66.

Körper".[121] Durch eine alle Sportarten umfassende, optimale Ausbildung der psychischen und physischen Komponenten wird die Voraussetzung geschaffen, wehrspezifische Elemente in der soldatischen Ausbildung optimal und effektiv umzusetzen. Zunächst also, so fordert Hitler in „Mein Kampf", soll „der Hauptwert nicht auf militärisches Exerzieren, sondern vielmehr auf sportliche Betätigung gelegt [werden]".[122] Anschließend, zwar auch noch im Rahmen des zivilen Sports, aber erst in einem nächsten Schritt, fordert er ein Training, dass zur „strammen", soldatischen Körperhaltung, zum Einordnen in die stehende und marschierende Kolonne und zum monotonen Exerzieren von Bewegungsabläufen bis zur Perfektion führt. Gleiches gilt für den Erwerb grundlegender waffentechnischer Kenntnisse und Strategien moderner Kriegsführung.[123] Entsprechend Hitlers Zielen kommt einigen Sportarten eine besondere Bedeutung zu. So eignet sich vor allem die Sportart Boxen hervorragend dazu, Eigenschaften im Sinne einer gesteigerten Wehrfähigkeit zu vermitteln. Hitler beschreibt, dass Boxen die „Angriffslust" fördert, „blitzschnelle Entschlusskraft" verlangt, „den Körper zu stärkerer Geschmeidigkeit" erzieht und „Schläge zu ertragen" lehrt.[124] Sport soll eben nicht eine „Kolonie friedsamer Ästheten und körperlicher Degeneraten heranzuzüchten", sondern zur Ausbildung leistungsfähiger Soldaten beitragen.[125]

Durch die Ausbildung von Volksgesundheit und Wehrtüchtigkeit schließt Hitler auf ein weiteres, psychologisches Moment, das durch Sport vermittelt werden kann. Durch die Erfahrung des eigenen Leistungsvermögens soll das Volk den Glauben an sich selbst wieder erlangen. (Hitler setzt in „Mein Kampf" in diesem Kontext Glaube mit Überzeugung gleich.) Dieser Gedanke der Überlegenheit und Unbesiegbarkeit soll in den verschiedenen Erscheinungsformen des Sports gepflegt werden.[126] Völkische Reden

---

[121] Vgl. Hitler 452.
[122] Vgl. Joch 31.
[123] Vgl. Tietze 66.
[124] Vgl. Joch 26.
[125] Vgl. Tietze 60.
[126] Vgl. Tietze 66.

sollen zur Überzeugung von der Unbesiegbarkeit das beisteuern, was Gesundheit, Wehrtüchtigkeit und Korpsgeist nicht leisten können. Der in Reih und Glied angetretenen Masse wird nach Hitlers Verständnis ständig aufs Neue suggeriert, sie verkörpere das neue Deutschland, das jedem Gegner „unbedingt überlegen" sei.[127]

> „So gewinnt der Volksgenosse das Gefühl, jederzeit fest in seine Volksgemeinschaft integriert zu sein. In zahlreichen Sportveranstaltungen, Treffen, Festzügen, Aufmärschen und Paraden soll er die unabhängige Kraft des Deutschtums miterleben und sie mehren helfen."[128]

Um dieses anerzogene Elitedenken nicht ins Wanken zu bringen, sind nur solche sportlichen Wettkämpfe mit dem Ausland erwünscht, bei denen ein deutscher Sieg wahrscheinlich ist.[129] Hinter dem Elitedenken verbirgt sich ein praktisches Moment für Hitler. Selbst in aussichtslosen Situationen soll der deutsche Soldat nicht nur aus Gehorsam, sondern aus Überzeugung den Kampf bis zur Entscheidung weiterführen.[130]

Die Bedeutung der Charakterbildung durch Sport ordnet Hitler hinter den bereits genannten Zielen, die seinem Sportverständnis zueigen sind, ein. Erstrebenswerte Charaktereigenschaften, die auch durch den Sport vermittelt werden sollen, sind nach Hitler: „Willens- und Entschlusskraft, Treue, Opferwilligkeit, Verschwiegenheit, Bekenntnismut und Verantwortungsfreude."[131]

Insgesamt lässt sich feststellen: Zwei grundlegende Bezugspunkte sind für Hitlers Sportverständnis prägend. Der Erste ist die fiktive Ungleichheit zwischen dem jüdischen Volk und dem „Arier". Bei Hitlers Ausführungen zu rassischen Ungleichheiten, die sich an „Körper, Geist und Seele" gleichermaßen zeigen, wird die Verachtung gegen Juden unmissverständlich zum Ausdruck gebracht. Der zweite grundlegende Gedanke umfasst den Anspruch auf eine überlegene Stellung Deutschlands in Europa.[132]

---

[127] Vgl. Hitler 459.
[128] Vgl. Tietze 66, 67.
[129] Vgl. Tietze 68.
[130] Vgl. Tietze 67.
[131] Hitler zit. in Tietze 66.
[132] Vgl. Tietze 62.

Die pragmatischen Vorstellungen in Hitlers Sportverständnis implizieren eine vollständige Indienstnahme des Sports zugunsten der parteipolitischen Ziele und Ideale. Dies hat weitreichende Konsequenzen. In einer Rede vom 09. Juli 1933 bringt Hitler zum Ausdruck: „Nun aber müssen wir den deutschen Menschen für diesen Staat erziehen."[133] Für Hitler ist Erziehung nicht etwa die Förderung der individuellen Anlagen, Beratung und Führung oder Schutz und Unterstützung des einzelnen Menschen. Erziehung ist seinem Verständnis nach ein Prozess der Angleichung des Individuums an die vom Staat gesetzten und von der Volksgemeinschaft akzeptierten Normen.[134] Sport nimmt eine Vorrangstellung in der Gesellschaft ein. Denn ein „wissenschaftlich wenig gebildeter, aber körperlich gesunder Mensch" ist für die Volksgemeinschaft wertvoller als ein „geistreicher Schwächling".[135] Der Wert des Individuums für das von den Nationalsozialisten definierte Kollektiv, der Volksgemeinschaft, wird zum zentralen Bezugspunkt. Um durch den Erziehungsprozess „Glieder" der Volksgemeinschaft im Sinne Hitlers hervorzubringen, kann Sport nicht Sache eines Einzelnen sein. Damit Sport überhaupt in der Lage ist, die Erziehungsinteressen der Nationalsozialisten zu vertreten, muss der individuelle Status des einzelnen Staatbürgers zu Gunsten der Volksgemeinschaft aufgegeben werden. Über seinen Körper und sein Leben frei verfügen zu können, findet somit enge Grenzen in den Geboten, Verboten und Forderungen des Staates.[136] Der Sport muss eine Angelegenheit sein, die der Staat im Interesse der Allgemeinheit regelt und überwacht. Die nationalsozialistische Ideologie und die daraus resultierenden Absichten geben vor, in welcher Form das Individuum Körper, Charakter und Geist zu formen bzw. auszubilden hat.[137]

---

[133] Hitler zit. in Joch 50.
[134] Vgl. Tietze 56,57.
[135] Vgl. Hitler 452.
[136] Vgl. Tietze 87.
[137] Vgl. Tietze 88.

3.2 Alfred Baeumler

Baeumler, seit 1933 Direktor des Instituts für Politische Pädagogik an der Universität Berlin, ist ein anerkannter Wissenschaftler im nationalsozialistischen Regime.[138] Obwohl seine Schriften und Reden inhaltlich wie sprachlich als linientreu und weltanschaulich im nationalsozialistischen Sinne anzusehen sind, decken sich seine Überlegungen im Einzelnen nicht völlig mit Hitlers Ausführungen.[139] Die schlichten Grundsatzgedanken aus „Mein Kampf" werden von Baeumler zu einer zusammenhängenden, nicht aber stringenten Theorie verarbeitet.[140]

Für Baeumler bildet die leiblich-seelische Einheit des Menschen den Anstoß zum Sporttreiben. Die Motivation zur sportlichen Betätigung wird nicht etwa von zweckdienlichen Überlegungen ausgelöst, sondern von einer dieser Einheit immanenten Freude an der Bewegung, einer „ursprünglichen Lust und Selbstbejahung".[141] Die Freude an der Bewegung macht den Sport für pädagogische Intentionen zugänglich.[142] Während bei Hitler der Impuls zur Körperertüchtigung erst aus dem Pflichtgefühl jedes Deutschen heraus erfolgt, bedarf es nach Baeumlers Theorie hierzu keines äußerlichen Antriebs.[143]

Baeumler stellt heraus, dass Erziehung immer auf eine tragende Idee der Gesellschaft zurückgreift, die Maßstab und Richtung der Erziehung angibt.[144] Baeumler erklärt den „ganzen Menschen" zum Objekt der Erziehung. Das Individuum wird zum politischen Menschen. Der Leib selbst wird „politicum" und tritt nicht länger als Privateigentum in Erscheinung. Der Einzelne kann mit seinem Körper nicht verfahren, wie es ihm beliebt. Der „Individualleib" wird ein Teil des „Gesamtleibes seines Volkes".[145] Erziehung ist nach Baeumler nicht zuerst Unterricht, sondern Charaktererziehung durch Leben in der

---

[138] Vgl. Joch 68-72. Hier finden sich auch weiter biographische Angaben zur Person Alfred Baeumler.
[139] Vgl. Tietze 89.
[140] Vgl. Tietze 105.
[141] Vgl. Tietze 77.
[142] Vgl. Joch 91.
[143] Vgl. Tietze 77.
[144] Vgl. Joch 77.
[145] Baeumler zit. in Joch 81.

Gemeinschaft. Die konkreten Forderungen dieser Erziehung beginnen beim Leiblichen und so wird der Sport zum unveräußerlichen Bestandteil politischer Pädagogik. Sport wird im Sinne Baeumlers zur „politischen Leibeserziehung".[146]

Den Begriff „politisch" bezieht Baeumler auf die Vorstellungen des Nationalsozialismus.[147] Sein Sportverständnis zielt auf die Anerkennung und Stabilisierung des nationalsozialistischen Regimes und eine entsprechend vollständige Anpassung des deutschen Volkes.[148] Die Ausbildung der körperlich angelegten Fähigkeiten soll im Sinne der nationalsozialistischen Weltanschauung erfolgen. Der NS Staat bestimmt Richtung und Ziel des deutschen Sports.[149] Baeumler legitimiert mit diesem Verständnis die Verfügungsgewalt des Staates über sportliche Aktivitäten.

Bei jedem Einzelnen muss der absolute Wille zum Einsatz für die Gemeinschaft vorhanden sein. Hierzu benötigt das Individuum „Kraft"[150] sowie den Mut, diese „Kraft" einzusetzen. Um diese Charaktereigenschaften ausbilden zu können, soll sportliche Betätigung vom „Kampfgeist" geprägt sein.[151] Hinzu kommt, dass Sport unweigerlich mit der (nationalsozialistischen) Gemeinschaft verknüpft ist.[152] Daher sind nach Baeumler die höchsten Ausdrucksformen der „politischen Leibesübungen" „Feiern, Aufmärsche und Wettkämpfe."[153]

Sportliche Betätigung und Leistung lässt sich nach Baeumler in drei Stufen untergliedern. Die erste Stufe bildet die Grundausbildung, gefolgt von der Stufe des Wettkampfes und letztlich dem Kampf um

---

[146] Vgl. Joch 66.
[147] Vgl. Joch 89.
[148] Vgl. Joch 77.
[149] Vgl. Joch 81.
[150] Baeumler interpretiert Kraft nicht als rein körperliche Angelegenheit; sie ist nicht gleich Muskelkraft. Vgl. Joch 107. Zwar wird der rein biologische Rassenbegriff nicht in seinem einseitigen Verständnis von Hitler übernommen und doch verknüpft Baeumler ihn mit Hitlers Postulat der Rassereinheit. Vgl. Tietze 222. Bei Baeumler überwiegen auch nicht, wie bei Hitler, die gewalttätig-destruktiven Elemente. Vgl. Tietze 105. Im Gesamten bleibt der Kraftbegriff jedoch unbestimmt und wage. Vgl. Tietze 84.
[151] Vgl. Joch 89,90.
[152] Vgl. Joch 83.
[153] Alfred Baeumler, „Sinn und Aufbau der deutschen Leibesübungen, 2. Teil," Männerbund und Wissenschaft (Berlin: Junker und Duennhaupt 1934) 74.

die olympische Leistung. Jede Stufe ist dabei in sich abgeschlossen und hat ihren spezifischen Wert.[154] Die erste Stufe ist für alle „Volksgenossen" verbindlich und unter einem „abstrakt-sportlichem Gesichtspunkt" uninteressant. Sie bildet den Ausgangs- und Orientierungspunkt für alle Sporttreibenden, so dass sich die Gefahr des Individualismus, der, gemäß Baeumler, dem Leistungsgedanken zu Eigen ist, relativiert. Während „die Elementarschulung der Kraft und des Mutes" auf der ersten Stufe „für das Gesamtleben der Nation von entscheidender Wichtigkeit ist" und die „spielerischen Momente" überwiegen, vervollständigen die oberen beiden Stufen das System der Leibesübungen. Sie sind erstrebenswert, aber nicht notwendig.[155] In der zweiten Stufe dominieren die Spezialisierung und der Leistungsgedanke. Einige wenige Sportler, die auch diese Stufe erfolgreich durchlaufen haben, können sich in der letzten Stufe engagieren und sportliche Höchstleistungen zum Ruhme der Gemeinschaft anstreben.[156] Baeumler konstruiert hier ein Modell, welches die Notwendigkeit des Sporttreibens mit Verzicht auf ein gehobenes Leistungsniveau hervorhebt und kohäsionsstiftende Elemente betont. Gleichzeitig integriert er einen hohen Leistungswillen und ein intensives Leistungsstreben, welches für die Demonstration der Überlegenheit gegenüber anderen „Rassen" und Staaten notwendig ist.

> „Wird aber der Aufbau der deutschen Leibesübungen respektiert, so erwachse die Leistung, auch die internationale Spitzenleistung, dem Boden der ʾGrundausbildungʾ; dort dominiert der Mannschaftsgedanke. Kommt der Sportler aus dieser ʾMannschaftʾ, so sind Leistungs- und Rekordstreben nicht nur gerechtfertigt, sie sind sogar Gipfel und die Blüte der deutschen Leibesübungen."[157]

„Leistungssport" erscheint als kontraproduktiv. Baeumler erkennt in dem Streben nach objektiv messbaren Höchstleistungen die Gefahr,

---

[154] Vgl. Lissina 97.
[155] Baeumler zit. in Joch 93.
[156] Vgl. Joch 93.
[157] Joch 121.

alles Denken und Handeln könne nur auf dieses Ziel hin ausgerichtet werden.[158]

3.3 Reichsbundideologie (Hans von Tschammer und Osten)

Der Deutsche Reichsbund für Leibesübungen (DRL) soll nach Hitlers Vorstellungen zu einem zentralen Mittel der Erziehung werden.[159] Entsprechend ist das Sportverständnis, welches vom DRL nach außen hin vertreten und vermittelt wird, für die vorliegende Arbeit von Interesse. Zwar gibt es keine offizielle „Reichsbundideologie", doch wenn etwas dem nahe kommt und Aufschluss über das Sportverständnis des Reichsbundes geben kann, so sind es die Ausführungen des Reichssportführers Hans von Tschammer und Ostens zu diesem Thema.[160,161] Während das Gedankengut, welches er artikuliert, größtenteils von anderen geprägt bzw. vorgegeben ist, so bringt er doch persönlich die „stereotypen Formeln eines alten Soldaten und SA Mannes" mit ein.[162] In Referenz zu den bereits geschilderten Theorien bleibt festzuhalten:

> „Dem Theorieansatz von Tschammers fehlen die Geschlossenheit und die Vollständigkeit des Baeumlerschen Ansatzes. Verglichen mit den fragmentarischen Äußerungen Hitlers, zeigt dieser Ansatz sich differenzierter und vielschichtiger."[163]

Wie von Hitler gefordert versteht sich der DRL als Erziehungseinrichtung.[164] Über den rein physiologischen Aspekt von Sport geht Tschammer hinaus, wenn er betont, dass die Leibesübungen den ganzen Menschen („Leib und Seele") erfassen sollen. Die sportlichen Ziele sind aus dem Ziel der Gesamterziehung herzuleiten.[165] Das übergeordnete Ziel lautet: uneingeschränkte Einsatzbereitschaft für die von den Nationalsozialisten angestrebten politischen Vorhaben.

---

[158] Vgl. Tietze 78.
[159] Vgl. Joch 26.
[160] Vgl. Bernett 75.
[161] Für weitere biographische Informationen zur Person Hans von Tschammer und Ostens: Tietze 106-108.
[162] Vgl. Bernett 76.
[163] Tietze 132.
[164] Vgl. Joch 50.
[165] Vgl. Tietze 113.

Den Weg dorthin will Tschammer beschreiten, indem er durch sportliche Betätigung dem Einzelnen die Fähigkeit verschafft, seinen Körper zu beherrschen. Durch die Ausbildung der motorischen Fähigkeiten innerhalb der „Gemeinschafts- und Mannschaftserziehung" entsteht der von Tschammer geforderte „starke Wille, der dauernd ist und zum Einsatz für den Staat führt".[166] Sport wird als Mittel eingesetzt, den „Staatsbürger" zum „Diener der Volksgemeinschaft" zu machen.[167]

Die Rolle, die dem Sport bei der Förderung der Wehrfähigkeit des deutschen Volkes zukommen soll, deckt sich weitgehend mit den Ausführungen in „Mein Kampf".[168] Tschammer betont in diesem Zusammenhang vor allem die Ausbildung der körperlichen Voraussetzungen als zentrales Moment einer wehrfähigen Volksgemeinschaft.[169] Er warnt jedoch davor, die sportliche Betätigung durch den übermäßigen Einsatz „soldatischer Elemente" (bei „Leibesübungen" für Kinder) zu einer freudlosen Angelegenheit verkommen zulassen.[170]

Sport liefert nach Tschammer ein probates Mittel die „Reinerhaltung der Art" zu sichern. „Rassespezifische Naturanlagen" der Deutschen werden durch „Leibeserziehung" gefördert und entfaltet.[171] Im Sinne Hitlers meint die „Reinerhaltung der Art" die „Reinerhaltung der Rasse". Erläuterungen, wie Sport unmittelbar zur Reinerhaltung der Rasse beitragen kann, liefert Tschammer allerdings nicht. Er beschränkt sich auf die dogmatisch anmutende Feststellung.[172]

Im Gegensatz zu Hitler, der die Charaktererziehung als zweitrangig bezeichnet, erkennt Tschammer, dass sich durch sportliche Aktivität der Charakter unmittelbar schulen lässt. So beinhalten „Leibesübungen" vor allem das Potenzial, die Entschlusskraft zu fördern.[173]

---

[166] Vgl. Tietze 117
[167] Vgl. Tietze 115.
[168] Vgl. Tietze 121.
[169] Vgl. Tietze 122.
[170] Vgl. Tietze 117.
[171] Vgl. Tietze 115.
[172] Vgl. Tietze 115.
[173] Vgl. Tietze 124.

Kurz nach seiner Ernennung veröffentlicht Tschammer einen „Aufruf", in dem er von einer „zersplitterten Sportbewegung" spricht, die auf den „Weg zur Einheit" gebracht werden muss. Dabei gilt es „Vergiftetes abzustoßen" und „Gutes und Bewährtes" in der nationalsozialistischen Zeit zu erhalten.[174] Tschammer deutet hiermit nicht nur die organisatorisch uneinheitliche Situation im deutschen Sport an, sondern lässt auch erkennen, dass zu dieser Zeit in der Gesellschaft weder ein (in allen Teilen) nationalsozialistisch konformes, noch homogenes Sportverständnis vorhanden zu sein scheint. Auch 1934 scheint dieses Problem nicht gelöst, wie die wiederholte Darstellung nationalsozialistischer Leitgedanken in seinen Reden darlegt. So betont er, dass „Leibeserziehung" Erziehung „vom Leibe her" ist, mit Blick auf den „höchsten Standpunkt", den Staat. Von Tschammer strebt die organisatorische Einheit des Sports an, denn dies ist für ihn die Voraussetzung zu einheitlichem Denken, Wollen und Handeln. Vor Fachamtsleitern und Gaubeauftragten verkündet er schließlich Ende desselben Jahres, dass aus dem „Sport der Verbände" ein „Staatssport" geworden ist.[175] 1936 stellt er fest, dass die den Staat tragende NSDAP mit vollem Recht den Anspruch auf die totale Erfassung aller Lebensbereiche des Volkes erhoben hat. Die Verantwortung für die weltanschauliche Ausrichtung liege bei der Partei. Dass dies auch für die Ausrichtung des Sports gilt, sei selbstverständlich.[176] Entsprechend bietet Tschammer Hitler an, den DRL „als Stoßtrupp der gewaltigen Idee eines Volkes in Leibesübungen" einzusetzen. Dieser Stoßtrupp, zu Opfern bereit, vermag „Volk und Land wehrhaft zu schützen."[177] Dass der Sport der Wehrhaftmachung dient, verdeutlicht Tschammer noch einmal unmissverständlich Ende des ersten Kriegsjahres: „Jetzt mehr denn je ist Leibesübung unabdingbare Pflicht jedes Deutschen!" Denn erst im Krieg würde der „letzte Sinn" der geleisteten Arbeit erfahrbar.[178]

---

[174] Vgl. Bernett 76.
[175] Vgl. Bernett 76.
[176] Vgl. Bernett 77.
[177] Vgl. Bernett 78.
[178] Vgl. Bernett 78.

3.4 Zusammenfassung

Die Ziel- und Leitvorstellungen im Sport orientieren sich an den parteipolitischen Zielen und Idealen der Nationalsozialisten. Zum einen soll der Sport vor allem zur Verwirklichung der Rassenreinerhaltung, der Volksgemeinschaft und zur Steigerung der Wehrfähigkeit des deutschen Volkes beitragen. Zum anderen gilt der Sport in seinem Sinnzusammenhang als probates Mittel, die Anerkennung und Stabilisierung des nationalsozialistischen Regimes sowie eine vollständige Anpassung („Erziehung") des deutschen Staatsbürgers zu forcieren. Der absolute Führungsanspruch der Nationalsozialisten ist diesen Zielen und Idealen immanent.

Diese Ziele und Ideale machen es verständlich, dass der Sport durch den unmittelbaren Bezug zur nationalsozialistischen Politik überhaupt erst seine Daseinsberechtigung erhält. Für den Sportler impliziert das an parteipolitischen Zielen und Idealen ausgerichtete Sportverständnis, dass er seinen individuellen Status zugunsten der Volksgemeinschaft aufgibt. Dabei übernehmen die Nationalsozialisten die Verfügungsgewalt über den Menschen. Der Sport darf dazu notwendigerweise nicht Selbstzweck sein. Ebenso soll für die breite Masse der Leistungsgedanke im Sport keine Rolle spielen. Von diesen Voraussetzungen ausgehend soll der Sport sowohl der körperlichen, als auch der „geistigen" Erziehung (gemäß nationalsozialistischen Zielen und Idealen) dienen. Letztlich impliziert das Sportverständnis eine Aufwertung des Körperlichen über das Geistige.[179]

---

[179] Dies ist umso bemerkenswerter, da es in der europäischen Kulturgeschichte seit dem militanten Stadtstaat Sparta bis zum 30. Januar 1933 kein Staatssystem gab, das den leiblichen Bereich dem geistigen überordnete. Vgl. Hubert Steinhaus, Hitlers pädagogische Maximen. „Mein Kampf" und die Destruktion der Erziehung im Nationalsozialismus, (Frankfurt: Lang, 1981) 68.

4. Sportverständnis der Münsteraner

4.1 Sport als „Selbstzweck"

In den nationalsozialistischen Jahren vor dem Zweiten Weltkrieg finden sich im MA immer wieder Sportberichte, die sich lediglich um sportlichen Vergleich, Ergebnisse, technisch-taktische Analysen oder Ähnliches drehen. Dann erscheint der Sport bspw. als pures Vergnügen oder (individuelles) Leistungsstreben ohne dabei ausdrücklich einen unmittelbaren Bezug zu anderweitigen Phänomenen, Ereignissen oder Tendenzen sowie Werten, Normen oder Vorstellungen aus Gesellschaft und Politik herzustellen. Die Motive am Sport (An-)Teil zu nehmen scheinen vor allem individuellen und privaten Ursprungs zu sein. Anders ausgedrückt: Der Sport tritt als Selbstzweck für Aktive und Zuschauer in Erscheinung. Als Beispiel sei hierzu „die Nacht" im Januar 1934 genannt, bei der es sich getreu der Überschrift „Neue Rekorde - 48 km in einer Stunde" um einen „interessanten Abschluss der Wintersaison" handelte. Eine Indienstnahme des Sports für andere Zwecke ist in diesem Fall nicht zu verzeichnen.[180] Und auch im Juni 1938 geht es bei der Sportwoche des SC Münster 08 lediglich um „schöne Leistungen".[181] Zusätzlich, und darum soll es im Folgenden gehen, wird der Sport jedoch immer wieder mit Werten, Normen und Vorstellungen in Verbindung gebracht, die den Sport über den Selbstzweck hinausgehend in einem Sinnzusammenhang mit Politik und Gesellschaft verorten.

4.2 (Volks-)Gemeinschaft

Der Münsterische Anzeiger stellt heraus, dass alle Bevölkerungsschichten gemeinschaftlich am Sport partizipieren sollen. Die Tageszeitung betont die Einheit des Volkes, die ungeachtet von der Zugehörigkeit des Einzelnen zu einem bestimmten Stand oder einer bestimmten Bevölkerungsschicht im Sport bestehen soll. So sind die „Leibesübungen eine Angelegenheit aller Schichten", wie die Zeitung

---

[180] Vgl. MA 06.01.1934.
[181] MA 20.06.1938.

im März 1934 herausstellt.[182] Ergänzend schreibt der MA im Oktober 1934: „Die deutsche Jugend, wo sie auch steht, darf nicht in zwei oder drei Schichten eingeteilt werden, sie muss einen Gemeinschaftsgeist haben."[183] Dass dieser Gemeinschaftsgeist im Sport auch Zuschauer mit einbezieht, veranschaulicht der Golf- und Landclub im Mai 1934 mit einer Einladung auf die Golfbahn Hornheide. Der MA präsentiert den exklusiven Club bürgernah.[184]

Anfang des Jahres 1934 schreibt der MA (im Sportzusammenhang):

> „Der Nationalsozialismus hat erkannt, dass ein Volk nicht aus unverbunden nebeneinander stehenden Individuen besteht, sondern dass ein Volk nur dann leben und arbeiten kann, wenn sich die einzelnen auf ihre gemeinsame Aufgabe besinnen, wenn sie in Freude und Leid zueinander stehen."[185]

Weiter betont der MA, dass

> „[...] der Grundgedanke des Nationalsozialismus in der Idee der Volksgemeinschaft [liegt] und diese Idee [...] in allen Maßnahmen und Verordnungen der Staatsführung zum Ausdruck [kommt]."[186]

Spricht der MA von Gemeinschaft im Sport, so bezieht er sich dabei eindeutig auf den nationalsozialistisch geprägten Begriff der Volksgemeinschaft.

Die Einigung zur Volksgemeinschaft wird im MA als ein Prozess dargestellt. Dem Sport wird zugesprochen, an diesem Prozess beteiligt zu sein. Deutlich wird dies anlässlich des Reit- und Fahrturniers in der Halle Münsterland im März 1934: „[Die Reiter] erstreben das eine Ziel, das Dritte Reich einigen zu helfen in allen seinen Schichten und Ständen."[187] Sport fördert dem MA nach die Kohäsion innerhalb des Volkes. Entsprechend werden die 260 Schulfußballspiele, die innerhalb eines halben Jahres zwischen Münsteraner Schulen ausgetragen werden, gedeutet: „Im Zeichen des

---

[182] Vgl. MA 05.03.1934.
[183] Tschammer zit. in MA 28.10.1934.
[184] Vgl. MA 10.05.1934.
[185] MA 08.01.1934.
[186] MA 08.01.1934.
[187] MA 21.03.1934.

Gedankens der Volksverbundenheit nahmen 54 Mannschaften an den Schulfußballrunden teil [...]." So ist es ganz im Sinne des MA, wenn nach der Generalversammlung des Reichsbahn-Sportvereins (RSV) von 1927 „Frohsinn und Kameradschaft die große Familie des RSV noch einige Stunden in bester Harmonie [vereinigen]".[188] In diesem Kontext muss auch der massive Werbefeldzug für den Sport bei KdF, der im MA nach den Sommerferien 1934 startet, gewertet werden. Neben neuen Erlebnismöglichkeiten dient der Sport für die breite Masse vor allem dem Ausbau der Volksgemeinschaft und dem Gemeinschaftsgefühl.[189]

Mit der Volksgemeinschaft als zentralem Bezugspunkt erhält der Sport seine spezifische Bedeutung. Getreu den gemeinschaftsfördernden Aspekten ist bereits 1934 „die körperliche Ertüchtigung [...] im völkischen Staat nicht Sache des Einzelnen [...]", sondern Ziel des Sportamtes muss es dem MA nach sein, den „Massensport" zu pflegen. „Aber auch darauf wird man das Augenmerk richten, dass bei Massenwettkämpfen nicht Spitzenleistungen erstrebenswerteste Ziele sein müssen [...]."[190] Und im Februar 1934 heißt es:

> „Es geht nicht um ein Treffen einiger weniger Spitzenkönner. Dieses Hallensportfest in Münster trägt ein anderes, ein neues Gesicht, das Gesicht des nationalsozialistischen Deutschlands, welches auch die deutschen Leibesübungen grundlegend umgestaltet hat."[191]

Individuelle Leistung tritt hinter gemeinschaftlichem Erleben und kameradschaftlich erbrachter Leistung zurück.

Im Oktober 1938 verortet der MA den Leistungsgedanken eindeutig im Sport. Ziel ist es demnach, „die einzelnen Höchstleistungen mit der Gesamtleistung der Mannschaft zu vereinen".[192]

---

[188] Vgl. MA 19.03.1936.
[189] Vgl. MA 12.08.1934.
[190] MA 12.08.1934.
[191] MA 25.02.1934.
[192] Vgl. MA 11.10.1938.

„Da lernte man wieder den Geist kennen, (der eine) [sic?][193] Vielzahl einzelner zur geschlossenen Mannschaft schmiedete, (die eine) [sic?] unzerbrüchliche Kameradschaft schuf, eine Kame(radschaft) [sic?], die allen Strapazen und Anforderungen des Körpers und (Geistes) [sic?] trotzt."[194]

Die gemeinsame Leistung wird 1938 zum Bezugs- und Ausgangspunkt im Sportverständnis des MA. (Sportliche) Ziele können somit erst durch das gemeinsame Wirken erreicht werden. Das Individuum kann keine erwähnenswerte Leistung erbringen, solange es alleine agiert. Erst im Kollektiv können sich seine Fähigkeiten mit denen der Anderen zu bedeutender Leistung steigern. Entsprechend schreibt der MA im Mai 1938 anlässlich eines Segelflugmodell-Wettbewerbs:

> „Solche Übung kann nicht Sache eines Einzelnen sein, er ist gar nicht imstande alle notwendigen Vorkehrungen zu treffen, sondern es ist eine Angelegenheit der Gemeinschaft. [...] Dann genügt es natürlich nicht, wenn nur einer fliegt [...]."[195]

Im Mai 1938 findet sich unter der Überschrift „Die neue Aufgabe der Schützenvereine" anlässlich „einer großen Kundgebung, die in Verbindung mit der Partei veranstaltet wurde" der Hinweis, dass der in Zukunft einzuschlagende Weg der Schützenvereine von der Frage geleitet ist: „Wie diene ich meinem Volk?"[196] Das von dem MA vermittelte Sportverständnis impliziert, dass Sport nur dann eine Berechtigung erhält, wenn er im Dienste der Volksgemeinschaft steht. Dabei rückt der rein sportliche Aspekt in den Hintergrund. Damit steht auch fest: Sport kann und darf kein Selbstzweck mehr für das Individuum sein. So verkündet der MA im Januar 1938, „[...] dass der Sport im Rahmen der totalen nationalsozialistischen Jugenderziehung nur eine Teilaufgabe ist, (dass) [sic?] er nie Selbstzweck sein darf".[197] (Vier Tage später heißt es anlässlich der (Rad-)Abschiedsrennen in der Halle Münsterland: „Kameradschaft, Aufopferung, Selbstaufgabe des persönlichen Ichs, das sind die Eigenschaften die im Mannschaftssport

---

[193] Sind Teile des Originals nur schwer (bzw. nicht) lesbar, wird dies hier wie im weiteren Verlauf der vorliegenden Arbeit entsprechend kenntlich gemacht.
[194] MA 27.11.1938.
[195] MA 08.05.1938.
[196] Vgl. MA 15.05.1938.
[197] Vgl. MA 18.01.1938.

die Grundpfeiler des Erfolges darstellen."[198]) Der MA wird im Laufe des Jahres nicht müde, diesen Aspekt im Sport herauszustellen. Sei es im August 1938 in Bezug auf den „Tag des Sportes und der Gemeinschaft des Fliegerhorstes Münster im Preußenstadion" bei dem der „Sport [...] nicht Selbstzweck"[199] ist oder auch beim Lauf „Rund um Münster" im Mai 1938. Bei der Laufveranstaltung erkennt Kreisleiter Mierig an der großen Beteiligung der Münsteraner Bevölkerung, „dass die nationalsozialistische Weltanschauung, Dienst an der Gemeinschaft, auch ihren Einzug in die münsterische Turn- und Sportgemeinde gehalten habe."[200] Das Individuum steht im Sportzusammenhang gänzlich im Dienste der Gemeinschaft und verliert somit zugunsten der nationalsozialistischen Staatsführung letztlich gar die Verfügungsgewalt über den eigenen Körper. Im Oktober 1938 betont der MA, dass im Einzelnen die Arbeit im Sport auf dem Wege zum Ziele „der Durchsetzung des Führungsanspruches des Nationalsozialismus ohne jeden Kompromiss- der Beseitigung der letzten Reste einer liberalistischen Vorstellungswelt von „privaten Rechten" (auf den Körper etwa) in der Welt des Sports" diene.[201]

4.2.1 Einheit im Sport

1934 spielt die nicht einheitlich organisierte Verbands- und Vereinslandschaft im MA eine Rolle. Die wiederholte Bezugnahme auf das Thema belegt dies. Anlässlich des „Hallensportfestes in der Westfalenhalle" spricht der Reichssportführer, und die Redaktion des MA druckt die ihr wichtig erscheinenden Aspekte:

> „Die einheitlich geführte Sportbewegung werde alle Schwierigkeiten überwinden, und über Vereine und Verbände hinweg würden die Leibesübungen die große gesunde Ausgleichsarbeit für das deutsche Volk darstellen. [...] Dieses Hallensportfest sei ein sichtbarer Ausdruck für eine gute Gemeinschaftsarbeit gewesen, und den Eindruck, dass [...] überall im

---

[198] MA 19.01.1938.
[199] Vgl. MA 05.08.1938.
[200] Vgl. MA 27.05.1938.
[201] Vgl. MA 11.10.1938.

gleichen Geiste geschaffen würde, habe er [Tschammer] von seiner
Besichtigungsreise mitgenommen.["202]

Im Oktober 1934 richtet sich Tschammer in Münster dann konkret an
die Turner:

„Die Deutsche Turnerschaft ist im nationalsozialistischen Staat das, was von
ihr Friedrich Ludwig Jahn sich als Lebensziel gedacht hat; sie ist auf dem
Gebiet der Leibesübungen die Brücke zur Volksgemeinschaft und nicht eine
Zentrale egoistischer [sic?].“

„Ich bitte alle verantwortlichen Führer der Deutschen Turnerschaft, sich
bewusst mit beiden Beinen auf den Boden der gegebenen Tatsachen zu
stellen. Ich bitte Sie, sich als Mitarbeiter nicht hinten, sondern ganz vorne
hinzustellen. [...] Eine Gemeinschaft aus der Zerrissenheit aller Verbände und
Vereine zu organisieren, ist nicht so leicht, wie man es sich denkt.“

„Der Reichsbund für Leibesübungen ist ins Leben getreten, aber wir sind erst
am Anfang. Die Bewegung bringt mit sich aus der Entwicklung heraus eine
Anzahl von Organisationen. Sie sind teils in sehr starker Form geschaffen
nach dem Willen des Führers zur Heranbildung der neuen Generation. Es war
für mich selbstverständlich, den Anschluss an die Organisation der Bewegung
zu suchen.“[203]

Somit kommt, wie im Rest des Reiches[204], die Zerrissenheit zwischen
Turnen und Sport in Münster zum Ausdruck. Politisch-ideologische
Auseinandersetzungen zwischen den bürgerlichen Turn- und
Sportverbänden und den Arbeitersportorganisationen spielen in
Münster hingegen keine Rolle. Hinweise auf Dispute lassen sich im
MA nicht finden.[205]

Während Max Lorenz als Gauführer des DRL in Westfalen
Lippe die Sportskameraden 1936 noch zu „Leibesübungen frei von
jeder Verbandszugehörigkeit“ auffordert[206], bleibt das zentrale Moment
in der Berichterstattung des MA die Hervorhebung der Einheit und
Geschlossenheit im Sport. Diese erkennt der MA vor allem in den

---

[202] MA 04.09.1934.
[203] MA 28.10.1934.
[204] Vgl. Krüger, Leibesübungen im 20. Jhd. 93.
[205] Vgl. MA 1934-1938.
[206] Vgl. MA 01.01.1936.

Sportveranstaltungen des Jahres 1938. Da heißt es im Mai 1938 beispielsweise:

> „Wisset, dass wir - ob Sieger oder Besiegter - vom Hindenburgplatz zum
> Prinzipalmarkt einhermarschieren als eine münsterische Sportgemeinschaft,
> vor uns die Fahnen des DRL als leuchtendes Symbol des geeinten deutschen
> Sportes [...], ein Sieg des Glaubens, ein Sieg der volklichen Gemeinschaft
> und damit zutiefst und zuletzt ein Sieg der nationalsozialistischen Idee."

Beim großen Tag von „Münsters Schützen" bot der Festzug „ein buntes Bild und zugleich den Eindruck der Einigkeit und Geschlossenheit".[207] Gleiches erwartet der MA von der Münsteraner Jugend, wenn er schreibt, „dass es eine selbständige Sport(ju)gend [sic?], die neben der HJ steht und an der nationalsozialistischen Ju(gen)derziehung [sic?] sein Teil hat, nicht mehr geben darf".[208] Dazu heißt es weiter:

> „Wenn auch heute noch nicht alle diesem Ruf gefolgt sind, so muss einmal
> eindeutig festgestellt werden, dass diese nachdem es die Jugend des Führers
> gibt, die zugleich Staatsjugend ist, in Zukunft das Recht verlieren, in
> Deutschland Sport zu treiben. Entweder sie fügen sich in die große
> nationalsozialistische Erziehungsgemeinschaft der deutschen Jugend ein mit
> allen Pflichten und Rechten, oder aber sie stellen sich abseits und verlieren
> damit auch das Recht, an den Einrichtungen des Dritten Reiches
> teilzunehmen."[209] [Im Original durch Fettschrift hervorgehoben.]

Insgesamt wird deutlich: Das Münsteraner Sportverständnis propagiert die Einheit des Sports unter nationalsozialistischer Führung.

4.3 Gesundheit

1934 finden sich zwei zentrale Gedanken zum Aspekt der Gesundheit im MA. Zum einen gilt es „den gesunden Menschen gesund zu erhalten" und zum anderen ist die „Hebung der gesamten Volksgesundheit" erstrebenswert.[210] Im Januar 1934 schreibt der MA: „Leibesübungen sollen [...] gesund und widerstandsfähig machen."[211] Im Oktober 1934 fügt der MA durch die Wiedergabe der Worte

---

[207] Vgl. MA 05.09.1938.
[208] Vgl. MA 18.01.1938.
[209] MA 18.01.1938.
[210] Vgl. MA 08.01.1934.
[211] MA 22.01.1934.

Tschammers hinzu, dass Kinder nur gesund werden können, wenn sie die Möglichkeit geboten bekommen, Sport zu treiben.[212] Insgesamt bleiben die Ziele damit wage und wenig konkret. Weder wie die im MA erwähnte Gesundheit im konkreten Fall durch Sport (wieder-)hergestellt oder erhalten werden soll, noch was sich hinter dem Begriff der Gesundheit im Sportzusammenhang verbirgt, vermag der MA zu vermitteln. Im August 1934 findet sich der Hinweis: „Es sind nicht nur körperlich-erzieherische Gründe, sondern auch hygienische Gesichtspunkte bei der Ausübung des Sports maßgebend."[213] Eine konkrete Erläuterung dieser Worthülsen bleibt der MA auch hier dem Leser schuldig.

1938 wird der Gesundheitsbegriff etwas konkreter im Sport verortet, bleibt aber nach wie vor wage und diffus. Im Oktober 1938 stellt die münsterische Presse heraus, dass „die körperlich Arbeitenden zum Ausgleich gegen die infolge einseitiger körperlicher Arbeit drohenden Schäden in der Betriebssportgemeinschaft Sport [treiben sollten]".[214] Hier erfährt der Gedanke von 1934, Sport als Mittel zur Erhaltung der Gesundheit, eine konkrete Anwendung. Einen weiteren neuen Aspekt im Vergleich zu 1934 bietet der MA im Mai 1938. Im Kontext des Segelflugmodellwettbewerbs taucht der Gedanke im Sport auf, nach gesundheitlichen Kriterien zu selektieren und auszuwählen. Hierzu heißt es: „[…] muss schon an dieser Stelle die Auswahl nach gesundheitlichen Gesichtspunkten einsetzen. Denn nur der körperlich völlig gesunde Mensch ist den Aufgaben der Fliegerei gewachsen."[215] Im Gegensatz zu 1934 wird der Gesundheitsbegriff im Sport eindeutig nicht nur auf physische, sondern auch auf psychische Parameter bezogen. Anlässlich der HJ-Vorführungen im Preußenstadion, bei der über 2 000 Teilnehmer an den Start gehen, berichtet der MA: „Es ist das Wesen und Ziel des Sportes, der in der Hitlerjugend betrieben wird, an Leib und Seele gesunde junge Menschen herauszubilden."[216] Gesundheit drückt sich in Leistungs- und Beanspruchungsfähigkeit aus

[212] Vgl. MA 28.10.1934.
[213] MA 12.08.1934.
[214] Vgl. MA 27.10.1938.
[215] MA 08.05.1938.
[216] MA 20.06.1938.

und wird mit Attributen wie „Mut" und „Kraft" verknüpft. Der MA schreibt im Anschluss an den zuvor zitierten Satz:

> „Die Jungen sollen nach dem Wort des Führers `flink wie Windhunde, zäh wie Leder und hart wie Kruppstahl´ sein. [...] Die Jungen [treiben] Sport und Spiel [...], bei dem sie die Kraft ihres Körpers und ihren Mut beweisen müssen [...]."[217]

Letztlich geht es beim Sport um die „Hebung der Rassenkraft durch nationalsozialistisch verstandene Leibeserziehung." Weiter lesen die Münsteraner im Oktober 1938 im MA: „Keine Doktrin kann uns hindern, zu glauben, dass Kraft und Leistung der Rasse gesteigert werden durch Leibeserziehung, von der sich keiner ausnimmt."[218]

4.4 Wehrfähigkeit

Im Vergleich zur Weimarer Republik ist bereits 1934 ein Anstieg von soldatisch-kriegerischen Ausdrücken in der Sportberichterstattung des MA zu verzeichnen. Diese spezielle Ausdrucksweise bietet ein erstes Indiz für eine Verknüpfung des Sports mit soldatisch-kriegerischen Elementen. Entsprechend bezeichnet der MA im März 1934 Gegner im sportlichen Wettkampf als „Schlachtopfer" oder benutzt Phrasen wie „[...] werden ihre schwersten Geschütze in Frontstellung bringen", wenn es um taktische Erläuterungen in Spielsportarten geht.[219] Ebenso verhält es sich 1938, ohne dass ein signifikanter Anstieg von soldatisch-kriegerischen Ausdrücken im Vergleich zu 1934 zu verzeichnen ist. So wurde bei der sportlichen Veranstaltung der WHW-Kegler im Januar 1938 am „ersten Kampftag" auf „Kriegsschauplätzen" (Kegelbahnen) um den Sieg gerungen und im „Hauptquartier" wurde das Turnier organisiert und koordiniert.[220]

Ein Blick in den MA von 1934 belegt, dass sowohl die Wehrverbände der Partei, als auch die Reichswehr am Sportgeschehen der Stadt partizipieren. Dabei erscheinen sie stets in einem guten Licht, wofür die Berichterstattung des MA sorgt. Hierzu bietet die

---

[217] MA 20.06.1938.
[218] MA 11.10.1938.
[219] Vgl. MA 25.02.1934.
[220] Vgl. MA 12.01.1938.

Vorberichterstattung zum großen Reit- und Fahrturnier im Januar 1934 ein Beispiel. Der MA kündigt als Höhepunkt große Schaunummern an, die von der Kavallerie-Schule Hannover, sowie von Truppenteilen der Garnison Münster und der Reichswehr präsentiert werden. Lediglich eine kurze Erwähnung finden im Anschluss die bevorstehenden Darbietungen der ländlichen Vereine.[221] Anlässlich einer Boxveranstaltung im Januar 1934 heißt es: „Auch die Rahmenkämpfe brachten guten Sport und brachten den Beweis, dass [...] die Reichswehr über gutes Material verfügt."[222] Der Sport und die Berichterstattung der Tageszeitung setzen die Reichswehr und die Wehrverbände der Partei in Szene. So berichtet der MA selbstverständlich über den Sieg der Soldaten beim Schwimmfest zugunsten der Nationalsozialistischen Volkswohlfahrt (NSV) im April 1934.[223] Im März 1936 stellt der MA nach einem Sieg über Arminia Bielefeld fest, dass die Soldaten nach wie vor eine „Sonderstellung im Gau" einnehmen. Diese Meldung ist insofern bemerkenswert, als dass die Soldaten in der neu geschaffenen Gauliga keinen der oberen Plätze in der Tabelle erreichten.[224] Auch wenn die Leistungen der Wehrmachtsmitglieder einmal nicht den Erwartungen des MA entsprechen, findet sich dafür eine Erklärung. Sympathie bekundend stellt der MA im September 1935 fest: „Die Soldaten haben nicht zu ihrer früheren Bestform zurückfinden können. Dazu kommt, dass die Mannschaft durch Versetzungen ihre Aufstellung wesentlich geändert hat, nur der alte Kämpfer Sievert im Angriff ist noch der ruhende Pol."[225]

Bei sportlicher Betätigung werden Wettkampf und Mannschaft zunehmend hervorgehoben. Zum „Sportfest der SA-Standarte 13 Münster" liest die Münsteraner Bevölkerung in der Tageszeitung:

„Und so kann man diesem Sportfest nicht nehmen, dass es bei seinem glänzenden Verlauf eine starke Werbekraft für den Wettkampfgedanken war. Wenn man sah, wie sich größtenteils doch noch unerfahrene SA-Männer bis

---

[221] Vgl. MA 11.01.1934.
[222] MA 11.01.1934.
[223] Vgl. MA 07.04.1934.
[224] Vgl. MA 04.03.1936.
[225] MA 08.09.1935.

zum Letzten anstrengten, um den Mannschaftssieg für ihren Sturm zu erringen, so ist es klar, dass solche Leistungen und solche Hingabe nur möglich ist, wenn auch vor allem der nötige Geist die Kämpfer beseelt."[226]

Mit der Betonung von Wettkampf und Verbundenheit auf der einen, erfolgt eine Ausrichtung des Sports an soldatisch-kriegerischen Elementen auf der anderen Seite. Dabei unterscheidet sich der Sport teilweise grundlegend von bisherigen sportlichen Veranstaltungen in Münster. Evident wird dies beim ersten SS-Sportfest, das der 1. Sturm der SS Standarte I/19 für alle SS Formationen der Stadt organisiert. Abgesehen von einigen leichten leichtathletischen Grunddisziplinen wird der Platz lediglich als Hindernisbahn oder Kampfgelände genutzt. Dabei sind alle Mehrkämpfe verpflichtend. Das Wurfgerät („Keule") ist in Form und Gewicht mit der Stielhandgranate der Wehrmacht identisch, und das Programm enthält Kleinkaliber- und Pistolenschießen sowie Gelände- und Hindernisläufe.[227] Ein weiteres anschauliches Beispiel bietet der Reitsport. Im Januar 1934 wird das Programm des seit 1927 durchgeführten Provinzialturniers erweitert. Ein Volkssportwettkampf, bestehend aus Dressurprüfung, Jagdspringen, theoretischer Prüfung, Kleinkaliberschießen, 100-m-Lauf und Keulen-(Handgranaten) Werfen, wird in den Ablauf des Turniers integriert.[228] Und im März 1934 schreibt der MA: „[...] doppelt groß ist die Freude, dass die Kameraden von der SS und SA neue Formen sportlicher Betätigung zeigen. Ihr Hindernislauf ist dafür ein besonderer Beweis."[229] Letztlich erscheint der rein sportliche Aspekt gänzlich zweitrangig, wenn der MA verkündet: „Wahrer soldatischer Geist stand im Mittelpunkt des Denkens deutscher Reiterjugend."[230]

Im November 1938 berichtet der MA über den zum fünften Male stattfindenden Viktor-Lutze-Gepäckmarsch, den größten „wehrsportlichen Kampf dieser Art".[231] Ein Tag später ist noch einmal in der Überschrift der Berichterstattung zu lesen: „Eine machtvolle

---

[226] MA 09.04.1934.
[227] Vgl. MA 24.06.1934.
[228] Vgl. MA 21.01.1934.
[229] MA 25.02.1934
[230] MA 21.03.1934.
[231] Vgl. MA 27.11.1938.

Demonstration des deutschen Wehrgeistes" und „[…] Mann für Mann einsatzbereit – Kameradschaft und Mannschaftsgeist triumphierten".[232] Die Ideale Kameradschaft und Einsatzbereitschaft werden zum festen Bestandteil des Münsteraner Sportverständnis. Anlässlich des Gepäckmarsches, „der auch diesmal zu einer machtvollen Kundgebung deutschen Wehrgeistes wer(den wird) [sic?]" schreibt der MA:

„Letzte Einsatzbereitschaft und höchster Kameradschaftsgeist trugen erneut die schönsten Früchte. […] Hier hat jeder alles für die Mannschaft zu geben. Vorbildliche Kameradschaft und unbedingte Einsatzbereitschaft allein sind hier entscheidend für den (Sieg) [sic?]. Wo diese Voraussetzungen erfüllt sind, findet deutscher Wehr(geist seine) [sic?] Erfüllung. […] [Die Teilnehmer traten an,] um in hartem Kampf ihre Einsatzbereitschaft für die Größe (des) [sic?] Reiches unter Beweis zu stellen."[233]

Entsprechend fasst der MA unter den Schlagworten „Soldat und Mannschaft" im Oktober 1938 die Ausrichtung sportlicher Betätigung für die männliche Bevölkerung zusammen.[234]

Der MA stellt in seiner Berichterstattung die wehrsportliche Betätigung eindeutig in den Dienst des Nationalsozialismus und seines uneingeschränkten Führungsanspruches. So können „letzte Einsatzbereitschaft" und „höchster Kameradschaftsgeist" bei dem Gepäckmarsch im November 1938 nur voll zur Geltung kommen, da sie „auf dem Boden einer dem Führer treu ergebenen Gefolgschaft wuchsen". Weiter heißt es: „Bei unserer Arbeit für Führer und Vaterland gibt es keinen Still(stand) [sic?] […] `Immer bereit sein!´ heißt unsere Parole."[235] Bereits 1934 spiegelt sich die politische Ausrichtung des Sports im MA wider. Deutlich kommt dies bspw. im Mai 1934 zum Ausdruck:

„Die in die Reiterstürme und Stahlhelmschwadronen überführten Reitervereine begrüßen freudig das entstandene Dritte Reich unter Adolf Hitlers zielsicherer Führung. […] Sie sollen sein eine `Garde zu Pferde´. […] Kein Tag darf beschlossen werden ohne dem Führer die Treue zu zeigen, jede Minute sei erfüllt von Aufopferung für die Idee des neuen Staates, immer nur

---

[232] Vgl. MA 28.01.1938.
[233] MA 28.01.1938.
[234] Vgl. MA 11.10.1938.
[235] MA 28.11.1938.

arbeiten sei das Wohl des Vaterlandes. SA, SS und S[sic?]- Reiter an die Front! An die Pferde!"[236]

Unter der Überschrift „NSKK erprobt sich auf Aschenbahn und beim Marsch" berichtet der MA von einem wehrsportlichen Spektakel, welches geprägt wird von Gepäckmärschen, Kleinkaliber-Schießen, Handgranatenweitwurf und nicht zuletzt der Bewältigung der „Wehrkampfbahn", auf der verschiedene Hindernisse aufgestellt sind. Über die Wettkämpfe schreibt der MA im Juni 1938:

> „800 NSKK Männer [...] [beweisen] ihre eigene Kraft und ihr Können einmal mehr auf der Aschenbahn, in der Sprunggrube, an den Schießständen und auf den Landstraßen [...]. Es werden neben den wehrsportlichen Kämpfen auch rein sportliche Konkurrenzen, vor allem auf dem Gebiet der Leichtathletik durchgeführt."[237]

Die sportlichen Fähig- und Fertigkeiten erscheinen hierbei als Basis der Wehrfähigkeit. Dies wird deutlich, als der MA herausstellt, dass es sich bei dem Nationalsozialistischen Kraftfahrer Korps (NSKK) um „die Kämpfe einer Formation, die gerade jetzt im Zeichen der Motorisierung Deutschlands und der Wehrhaftmachung des deutschen Volkes immer mehr Bedeutung erhält", handelt.[238] In diesem Kontext sind auch die sportlichen Leistungen von SA und Polizei im November 1938 zu verorten:

> „Und das unsere Männer von der SA und auch von der Polizei bereit sind, das stellten sie immer wieder unter Beweis, ob es nun galt, natürliche Hindernisse zu überwinden, die Handgranate nach einem bestimmten (Ziele) [sic?] zu schleudern, ein vernebeltes Tal mit der Gasmaske (zu durchschreiten) [sic?], auf Kopf- und Kopffallscheiben [sic] zu schießen, Entfernung zu (schätzen) [sic?] oder – und all dies in voller Ausrüstung – ein schwie(riges) Gelände im Querfeldein zu meistern."[239]

Dem Sport wird zugesprochen die Wehrfähigkeit zu heben, indem er die Grundlagen für die soldatischen Aufgaben schafft. Somit erklärt sich auch sein Wert als vorbereitendes Moment für die soldatische

---

[236] MA 21.03.1934.
[237] MA 16.07.1938.
[238] Vgl. MA 16.07.1938.
[239] MA 28.11.1938.

Ausbildung. Bei einem „Sportkampftag" im Juni 1939 stellt Lorenz heraus:

> „Wir haben die Pflicht zur Wehrhaftmachung bis zur höchsten Stufe [...]. Der Sport, der in der SA getrieben wird, wird nicht um seiner selbst willen ausgeübt, sondern er dient in erster Linie als Vorbereitung zum Geländedienst."[240]

Die Vorbereitung auf soldatisch-kriegerische Aufgaben spielt auch beim Sport der Jugend eine Rolle. Anlässlich eines Segelflugmodell-Wettbewerbs schreibt der MA im Mai 1938, dass selbst in den kleineren Standorten die Sonderformationen der Motor-HJ, Marine-HJ und vor allem die Flieger Einheiten anzutreffen sind. Weiter ist zu lesen, dass die Jungen zielbewusst gefördert werden, um für den großen Aufgabenbereich der deutschen Luftfahrt an entsprechender Stelle eingesetzt zu werden.[241]

Außerhalb des Sports in den Parteiformationen wird die Aufgabe, zur Wehrtüchtigkeit beizutragen, im zivilen Sport besonders dem Schießsport in Münster zugetragen. Im Januar 1938 lobt der MA die „echte Kameradschaft" der Schützen des Schützenvereins Neutor von 1929, weißt aber gleichzeitig darauf hin, dass sie sich stets ihrer Pflichten, insbesondere im „vaterländischen Sinne" bewusst sein sollen.[242] Anlässlich des Schützenfests des Reichsbahn-Sportvereins Münster im September 1938 ergreift Vereinsführer Lehmacher das Wort. „In einer markanten Ansprache hob er besonders auch die Neuausrichtung des Schützenwesens im Dritten Reich und die den Vereinen durch den Führer zugewiesenen vaterländischen Aufgaben hin."[243] Worin diese „vaterländischen Aufgaben" bestehen, verdeutlicht der MA durch die Wiedergabe der Ansprache von Gauschützenführer Lühn, Schützenführer Westfalens, im Mai 1938 unter der Überschrift „Die neue Aufgabe der Schützenvereine". Demnach sollen „die deutschen Schützenvereine fortan in erster Linie der Wehrhaftmachung und Erhaltung der Schlagkraft unseres Volkes dienen." Wie dieses Ziel

---

[240] MA 12.06.1939.
[241] Vgl. MA 08.05.1938.
[242] Vgl. MA 10.01.1938.
[243] MA 05.09.1938.

erreicht werden soll, macht Lühn auch deutlich: „Im Vordergrund der Schützenvereinstätigkeit müsse wieder der Schießsport stehen."[244].

4.5 Zusammenfassung

Werte, Normen und Vorstellungen, die über den Sport als reinen „Selbstzweck" hinausgehen, bestimmen das Münsteraner Sportverständnis. Dabei bezieht sich der Sport auf Leit- und Zielvorstellungen, die außerhalb sportlicher Betätigung für gesellschaftliche und politische Zielsetzungen und Ideale von Relevanz sind: „Volksgemeinschaft" und „Wehrfähigkeit" (sowie in abgeschwächter Form auch „Gesundheit") werden zu zentralen Bezugspunkten. Unmissverständlich wird dabei der Bezug zum Nationalsozialismus hergestellt.

Das gemeinschaftliche Moment sportlicher Betätigung wird betont und die individuelle Leistung ordnet sich der Mannschaftsleistung unter. Die Einigung zur Volksgemeinschaft erscheint als Prozess, an dem der Sport beteiligt ist. 1934 ist dies vor allem mit der Forderung nach „Einheit und Geschlossenheit" im Münsteraner Sport verbunden. Dieses Ziel sei, so der MA, nur durch die Führung der Nationalsozialisten zu erreichen. Schließlich taucht 1938 die Forderung auf, dass der Mensch zugunsten der Machthaber sein „privates Recht" am eigenen Körper aufgeben soll.

Es kommt zu einer Ausweitung militärischer Muster im Sport. Neue sportliche Erscheinungsformen mit wehrspezifischer Ausrichtung werden etabliert. Insgesamt nimmt der Aspekt einer gesteigerten Wehrfähigkeit im Sportverständnis eine zentrale Rolle ein. Im Sinne soldatischer Ausbildung stehen 1934 Mannschaft und Wettkampf sowie 1938 zusätzlich Kameradschaft und Einsatzbereitschaft im Vordergrund sportlicher Betätigung. Darauf aufbauend wird dem Sport zuerkannt durch die zusätzliche Schulung physischer Fähig- und Fertigkeiten zu einer gesteigerten Wehrfähigkeit beizutragen.

---

[244] Vgl. MA 15.05.1938.

5. Instrumentalisierung des Sports

5.1 Sport als Mittel nationalsozialistischer (Selbst-)Darstellung

5.1.1 Sport: Positive Assoziationen nutzen

Am ersten Märzsonntag 1934 „tritt der Sportführerring Münsters, Münsters Turn- und Sportwelt an die Öffentlichkeit". Auch Formationen der Partei nehmen daran teil. SA und SS, Hitlerjugend und Jungvolk präsentieren ihre sportlichen Fähig- und Fertigkeiten. Dies geschieht „in einer Front" mit „Turnern und Sportlern". Der MA betont den gemeinschaftlichen Aspekt der Veranstaltung.[245] Das Beispiel soll verdeutlichen: Durch gemeinsame sportliche Betätigung entsteht auf der Deutungsgrundlage der Tageszeitung der Eindruck, dass die Parteigliederungen der NSDAP gleichberechtigt neben den übrigen Sportvereinigungen im gesellschaftlichen Leben Münsters akzeptiert und integriert sind. (Dabei sei an dieser Stelle zunächst dahingestellt, ob, wie es der MA suggeriert, die Parteigliederungen tatsächlich von den Münsteranern akzeptiert und anerkannt werden.) Dass dem Sport im Generellen eine integrative und kohäsionsfördernde Wirkung zueigen ist, darauf verweist die moderne Sportpsychologie.[246] Der entscheidende Punkt ist also: Der Sport bietet den Nationalsozialisten durch aktive Teilnahme die Möglichkeit, Anschluss an die Bevölkerung Münsters zu finden.

Durch die aktive Teilnahme an Sportveranstaltungen erhalten die Nationalsozialisten ein sportliches Image. Entsprechend nehmen 1934 die Gliederungen der Partei verstärkt am Sport in Münster teil. So ist anlässlich des traditionellen Reit- und Fahrturniers im Januar zu lesen:

---

[245] Vgl. MA 25.02.1934.

[246] Vgl. Wolfgang Schlicht und Bernd Strauß, Sozialpsychologie des Sports: Eine Einführung (Göttingen, Bern, Toronto, Seattle: Hofgrefe 2003) 70-85. Auf die sozialisierende Wirkung der sportlich-ideologischen Arbeit eines Turnvereins weisen hin: Klaus Cachay, Steffen Bahlke und Helmut Mehl, „Echte Sportler" - „Gute Soldaten": Die Sportsozialisation des Nationalsozialismus im Spiegel von Feldpostbriefen, (Weinheim: Juventa, 2000).

„Erstmalig wird auf dem Turnier auch die Hitler-Jugend in den Sattel steigen und ihre Künste in einer Reitabteilung der Öffentlichkeit zeigen. Freudig begrüßt wird auch das Auftreten der SA- und SS-Reiter [...]."[247]

Im Anschluss an die Veranstaltung stellt der MA fest: „Imponierend war der Aufmarsch der SA Reiter [...]."[248] Doch im Laufe des Jahres bleibt es nicht nur bei der bloßen Partizipation an sportlichen Veranstaltungen, die von den örtlichen Sportvereinen organisiert werden. Einige Parteigliederungen laden zu eigenen sportlichen Veranstaltungen ein. Den Auftakt bietet das Sportfest der SA-Standarte 13 Münster. Im April 1934 werden den Münsteranern dabei viele spannende Wettkämpfe geboten und der MA stellt die positiven Eigenschaften der SA-Männer heraus:

„Wenn man sah, wie sich größtenteils doch noch unerfahrene SA-Männer bis zum letzten anstrengten, um den Mannschaftssieg für ihren Sturm zu erringen, so ist es klar, dass solche Leistungen und solche Hingabe nur möglich ist, wenn auch vor allem der nötige Geist die Kämpfer beseelt."[249]

Im Juni 1934 folgt das SS-Sportfest, welches im MA mit der Überschrift „Leichtathletische Wettkämpfe und Fußballkampf – SC Preußen 06 – Auswahlmannschaft der SS" ins Preußenstadion einlädt. „Nicht weniger als 400-450 Teilnehmer" folgen der Einladung des 1. Sturm I/19 SS-Standarte für alle SS-Formationen Münsters. Die fußballerischen Fertigkeiten der Preußen scheinen zwar überlegen, doch der MA betont die positiven Eigenschaften der SS-Kicker: „[...] aber die SS Münster wird diesen Nachteil durch Eifer und Siegeswillen wieder ausgleichen [...]."[250] Abgerundet wird das sportliche Engagement der Parteigliederungen durch das Sportfest der Hitlerjugend Unterbann II/13 im Juli 1934. Eine positive Kritik der Tageszeitung und der Beitrag Münsteraner Sportvereine zum Gelingen der Veranstaltung bleibt auch hier den nationalsozialistischen Sportlern nicht verwehrt.[251] Die moderne Sportpsychologie stellt heraus: Hat man

---

[247] MA 11.01.1934.
[248] Vgl. MA 21.03.1934.
[249] MA 09.04.1934.
[250] MA 24.06.1934.
[251] Vgl. MA 01.07.1934.

einer Person einmal eine gute Eigenschaft zuerkannt (bspw. durch das Engagement bei sportlicher Betätigung), dann neigt man dazu, auch andere Merkmale der Person positiv zu beurteilen.[252] Der Sport bietet nicht nur dem Einzelnen, sondern auch den Nationalsozialisten im Gesamten durch die aktive Teilnahme an sportlichen Veranstaltungen die Möglichkeit, für eine Assoziation ihrer „Bewegung" mit positiven Eigenschaften zu sorgen. Damit erhalten sie letztlich die Möglichkeit ihre Akzeptanz und Beliebtheit in der Stadt zu steigern. Ein Indiz, dass die Nationalsozialisten dies erkannt haben und für sich zu nutzen wissen, bietet die aktive Teilnahme am Sport, die auch 1938 stark ausgeprägt ist. So ist es schon zu Selbstverständlichkeit geworden, dass sich im Mai 1938 beim Lauf „Rund um Münster" unter den 80 gemeldeten Mannschaften Münsters Parteiformationen befinden.[253] Nach wie vor nehmen diese nicht nur selbst an Sportveranstaltungen teil, sondern treten ebenso als Veranstalter in Erscheinung. Entsprechend würdigt z.B. der MA das im Mai 1938 stattfindende Bann- und Untergausportfest der HJ. Das mit über 2 000 Teilnehmern nationalsozialistisch geprägte sportliche Ereignis hebt der MA mit neun Fotos hervor.[254] Auch das Nationalsozialistische Flieger Korps (NSFK) und NSKK nutzen 1938 vermehrt die Chance, sich durch vom Sport eingerahmte Veranstaltungen in Szene zu setzen.[255]

5.1.2 Sport im Dienste politischer Kundgebungen

Schon zur Zeit der Weimarer Republik beziehen die Münsteraner Turn- und Sportvereine in der Öffentlichkeit politisch Stellung. Evident wird dies besonders durch die Teilnahme an politischen Kundgebungen oder politischen Reden auf Veranstaltungen mit sportlichem Bezug. Eine antidemokratische und vaterländische Ausrichtung, die sich gegen die republikanische Staatsform richtet, ist dabei keine Seltenheit.[256] Die Verbindung von Sport und Politik erhält in der nationalsozialistischen

---

[252] Dabei handelt es sich um den „Hof- oder Haloeffekt". Vgl. Schlicht 61-65.
[253] MA 12.05.1938.
[254] MA 20.06.1938.
[255] Für NSFK vgl. (bspw.): MA 06.11.1938. MA 07.11.1938. Für NSKK vgl. (bspw.): MA 08.05.1938. MA 16.07.1938.
[256] Vgl. Langenfeld 215.

Zeit jedoch eine neue Qualität.[257] Der Münsteraner Sport stellt sich in den Dienst der Nationalsozialisten, um diese, wie im Folgenden deutlich wird, in Szene zu setzen und in einem guten Licht erscheinen zu lassen.

Bei einem Blick in die Tageszeitung des Jahres 1934 wird klar: Die Münsteraner Sportvereine stellen auf zahlreichen Veranstaltungen einen Bezug zum Nationalsozialismus her. Die Präsentation nationalsozialistischer Requisiten von hohem Symbolwert (z.b. Fahnen und Wimpel), aber auch sprachliche Stilmittel (z.b. „Sieg Heil" und der Gruß „Heil Hitler") sowie weitere Referenzen zum Nationalsozialismus geben hierbei einen ersten Hinweis. Das „Hallensportfestes in der Westfalenhalle" im März 1934 bietet hierzu ein anschauliches Beispiel. Entsprechend halten 1 000 Sportler „unter dem Jubel der Zuschauer hinter den flatternden Fahnen und Wimpeln ihren Einmarsch in die Halle".[258] Der Bezug zum Regime wird vom MA betont. Neben den „Fahnen des Reiches" werden die „Heil-Rufe der Tausenden", sowie der Gruß der Nationalsozialisten in der Berichterstattung hervorgehoben. Den Besuchern wird sportliche Unterhaltung geboten. Zu sehen sind Turnübungen, ein Sprinterdreikampf, Vorführungen mit dem Fußball, „Körperschulübungen", „Gewichtsübungen" und Ringkämpfe, Boxsport, ein Handballspiel und vieles mehr. Doch, so stellt es der MA dar, ist alles letztlich auf ein Ereignis hin ausgerichtet: eine Rede des Reichssportführers. An seine politisch motivierte Ansprache schließen sich noch einmal Bekenntnisse der Anwesenden zum Regime an: „[…] und dem Sieg-Heil auf den Führer folgten Deutschland- und Horst-Wessel-Lied."[259] Die Nationalsozialisten begnügen sich jedoch nicht mit einem Bekenntnis der Sportler zum Regime, sondern sie spannen die Sportler gezielt ein, um politische Inhalte wirkungsvoll zu vermitteln. Der Sport bietet nicht nur ein spektakuläres Rahmenprogramm, sondern zieht auch zahlreiche Zuschauer an. Zuschauer, die dann auch an den politischen

---

[257] Dies zeigt schon 1923 der geplante Auftritt der Nationalsozialisten auf dem Münchener Turnfest. Hierbei geht es in erster Linie um Propagandazwecke: Sportliche Intentionen werden vollständig hinten angestellt. Vgl. Tietze 38.
[258] Vgl. MA 05.03.1934.
[259] MA 05.03.1934.

Kundgebungen partizipieren. Dabei stellen die Aktiven nicht nur ihre sportlichen Fähig- und Fertigkeiten in den Dienst des Regimes. Geht es darum eine beeindruckende „Show" zugunsten der Nationalsozialisten zu inszenieren, sind sie zur Stelle:

> „Erhebend war der feierliche Ausklang der Veranstaltung, bei dem die Halle verdunkelt wurde, und dann mit Fackeln die Formationen der Turner und Sportler, der SS, der SA und des Arbeitsdienstes und die zahlreichen Fahnenabordnungen einmarschierten."[260]

Sportliche Veranstaltungen werden vor allem 1938 immer wieder dazu genutzt, politische Reden zu halten und nationalsozialistisches Gedankengut zu vermitteln. Bei der Laufveranstaltung „Rund um Münster" beteiligt sich „Münsters gesamte Turn- und Sportgemeinde". Den Abschluss der Veranstaltung bildet ein Aufmarsch durch die Stadt, der am Prinzipalmarkt mit einer öffentlichen Kundgebung endet. Kreisleiter Miering nutzt die Gelegenheit, auf dem Laufevent nationalsozialistische Ziele und Ideale zu artikulieren.[261] Das Bekenntnis zum Regime durch die Anwesenden fehlt auch hier nicht: „Das Siegheil auf den Führer erklang und die Nationalhymne gab der eindrucksvollen Kundgebung den wirkungsvollen Abschluss [...]."[262] Ein weiteres Beispiel bietet „der große Tag von Münsters Schützen". Oberbürgermeister Hillebrand persönlich nutzt hier die Kulisse zu einer politisch motivierten Rede. Und der MA schwärmt: „Die Stadt hatte ihr Festgewand angelegt, die Altstadt, besonders der Prinzipalmarkt, prangten im Schmuck der Fahnen." Die beeindruckende Wirkung versucht der MA mit zwei Fotos den Münsteranern noch einmal zu vermitteln. Dabei fehlt auch das Bild der zahlreichen Hakenkreuzfahnen auf dem Prinzipalmarkt nicht. Dass der offizielle Teil des Nachmittags mit einem „Sieg-Heil auf den Führer" endet, bringt die Tageszeitung in diesem Kontext noch einmal zum Ausdruck.[263] Der Sport in Münster dient den Nationalsozialisten zur öffentlichkeitswirksamen Inszenierung von

---

[260] MA 05.03.1934.
[261] Vgl. MA 12.05.1938.
[262] MA 27.05.1938.
[263] Vgl. MA 05.09.1938.

Politik. Die Publikumswirkung und Beliebtheit des Sports trägt in diesem Zusammenhang dazu bei, die „Massen" zu begeistern und zu faszinieren.

Insgesamt wird deutlich: Dient der Sport als Mittel nationalsozialistischer (Selbst-)Darstellung, wirkt er letztlich zugunsten des nationalsozialistischen Regimes. Neben anderen Wirkungsmechanismen des instrumentalisierten Sports, wie im Folgenden deutlich wird, trägt dies letztlich zur Anerkennung und Stabilisierung des nationalsozialistischen Regimes bei.

5.2 Vermittlung (und Verwirklichung) nationalsozialistischer Ziele und Ideale

5.2.1 Volksgemeinschaft

Das Münsteraner Sportverständnis, dies lässt die häufige Bezugnahme auf den Nationalsozialismus bereits vermuten, erfüllt in entscheidenden Aspekten den Anspruch des nationalsozialistischen Sportverständnisses. Getreu diesen Vorstellungen rückt in Münster das gemeinschaftliche Moment beim Sporttreiben zusehends in den Mittelpunkt des Interesses. Individuelle Leistung ordnet sich der Gesamtleistung der Mannschaft unter und rückt, ganz im Sinne Baeumlers „Grundausbildung", in den Hintergrund bei zahlreichen Berichterstattungen. (Es geht eben, so der MA, bei sportlichen Veranstaltungen „nicht um ein Treffen einiger weniger Spitzenkönner"[264].) Wie das nationalsozialistische, so verknüpft auch das Münsteraner Sportverständnis den Sport mit dem parteipolitischen Ziel und Ideal der Volksgemeinschaft. Das Sportverständnis suggeriert, gemäß nationalsozialistischem Vorbild, dass der Sport in Münster ganz im Zeichen der Volksgemeinschaft steht.

Unmittelbarer sportlicher Betätigung wird, getreu dem nationalsozialistischen Sportverständnis, ein direkter Nutzen für die Volksgemeinschaft zugesprochen. Im Januar 1934 schreibt der MA über das Sportprogramm der KdF, dass es von großer Bedeutung für

---

[264] Vgl. MA 25.02.1934.

die Gestaltung der Volksgemeinschaft sei. Dem regenerativen und sogar Leistung steigernden Moment des Sports und der daraus entstehende Nutzen für andere Lebensbereiche gilt hierbei die Aufmerksamkeit:

> „[Der Sport in der KdF] habe die Aufgabe, den schaffenden Menschen, die tagsüber in schwerer Arbeit sich abmühen müssen, in den Feierabend-Stunden Entspannung und Freude zu bringen, damit sie aus dieser Freude neue Kraft schöpfen, für die tägliche Arbeit, die nichts sei als Dienst an Volk und Vaterland."[265]

Dass dem Sport, gemäß dem nationalsozialistischen Sportverständnis, zugesprochen wird, einen direkten Beitrag zur Umsetzung der Werte, Normen und Vorstellungen, die dem Gedanken der Volksgemeinschaft zueigen sind, zu leisten, wird ebenso an einem weiteren Beispiel deutlich. Zugunsten hilfsbedürftiger Mitglieder der Volksgemeinschaft stellt sich der Sport ganz in den Dienst der nationalsozialistischen Gesellschaft. Besonders anschaulich wird dies durch das Engagement bei „Opfertagen", Sammlungen für das Winterhilfswerk (WHW), beim „Eintopfessen" oder Veranstaltungen der NS-Volkswohlfahrt. So titelt der MA im April 1934: „Münster im Zeichen des Jugend-Opfer-Tages". Und der Sport soll durch seine Anziehungskraft zu einem erfolgreichen Verlauf beitragen.[266] Dazu steuern mit „viel Hingabe" Handballmannschaften aus sieben Münsteraner Vereinen bei, und ein Fußballspiel des SC 08 gegen den SC Preußen rundet das Spektakel ab:

> „Die Fußballfacharbeiter [haben] in der Zusammenstellung der Mannschaften eine recht glückliche Hand bewiesen, waren sie doch in erster Linie darauf bedacht, durch Paarungen von Ortsgegnern den Spielen besondere Zugkraft zu verleihen, so dass der finanzielle Erfolg nicht ausbleiben dürfte."[267]

Regelmäßig berichtet der MA in den Wintermonaten 1934 über das Engagement der Sportler zugunsten des WHW. Dabei wird der Bezug zum Nationalsozialismus betont:

---

[265] MA 22.01.1934.
[266] Vgl. MA 01.04.1934.
[267] MA 01.04.1934.

„Es ist selbstverständlich, dass sowohl die junge Organisation der NS-Volkswohlfahrt wie das Winterhilfswerk im nationalsozialistischen Geiste geführt werden. [...] Jede Unterstützung des Winterhilfswerks ist ein Zeugnis für die Gefolgschaftstreue, die wir dem Führer schulden."[268]

Unter der Überschrift „Die münsterschen Boxer helfen" machen dabei die beiden Boxsportvereine BC Münster 23 und Polizei-Sport-Verein Schlagzeile. Im Januar 1934 eröffnen sie „die Reihe der sportlichen Veranstaltungen zum Besten der Winterhilfe".[269] Der MA bescheinigt dem Event, dessen Bedeutung durch den Besuch von „Ehrengästen" aufgewertet wird, einen „vollen Erfolg", wenn er schreibt: „Etwa 1300 Zuschauer, darunter Vertreter der verschiedenen Behörden, SA und SS, sowie des Sportführerringes füllten die Halle derart, dass mancher keinen Eintritt mehr fand."[270] Auch 1938 ist die Mithilfe der Sportler am WHW enorm. Und der MA wird nicht müde, den Bezug zum Nationalsozialismus herzustellen. Im Januar 1938 gibt er anlässlich der Übergabe der „WHW-Opferbücher", die bei einer „eindrucksvollen Feierstunde im Großen Rathaussaal" stattfindet, die Worte des Gauleiters und Reichsstadthalters Dr. Meyer wieder:

„Wir wurden Anhänger einer Weltanschauung, die nichts Schöneres und Höheres kennt als sich im Dienst von Volk und Nation zu verzehren. [...] Es gibt bei uns keine Egoisten und Individualisten mehr, wir sind Kameraden geworden und kämpfen aus innerstem Bedürfnis Schulter an Schulter zusammen."[271]

Wie in der Überschrift eines Artikels im Oktober 1938 zu lesen ist, fordert Dr. Meyer „Mindestens das Doppelte!" und meint damit die Einkünfte des WHW im Vergleich zum Vorjahr.[272] Die Sportler jedenfalls sind 1938 mit bisher unbekanntem Erfolg am Gelingen beteiligt. So verzichten zwei Münsteraner Fußballvereine auf ihre Ligaspiele, um „sich voll und ganz für das große nationalsozialistische

---

[268] MA 08.01.1934.
[269] Vgl. MA 06.01.1934.
[270] MA 11.01.1934.
[271] MA 23.01.1938.
[272] Vgl. MA 07.10.1938.

Werk einzusetzen".[273] Die Zahlen sprechen für den Einsatz der Sportler. Das WHW-Opferschießen bringt beispielsweise 35 000 Reichsmark (RM) gegenüber 22 000 RM im Vorjahr.[274] Ebenso übertrifft der Erfolg des „großen Wildkegelns" die anfänglichen Erwartungen. Der Ertrag geht restlos an das WHW.[275] Aber nicht nur in der aktiven (Mit-)Gestaltung, sondern auch in der bloßen Teilnahme am Eintopfessen kommt das „schöne und einzigartige Bekenntnis der Volksverbundenheit und Volksgemeinschaft", wie es der MA im Januar 1938 formuliert, zum Ausdruck.[276] Ein schönes Beispiel hierzu liefert Münsters „Preußenelf", die „vor der Fahrt nach Gronau geschlossen am SA-Essen" teilnimmt.[277]

Prägnant ist die Deutung des Sports in Münster als kohäsionsfördernde und integrative Kraft. („[…] um der Öffentlichkeit zu zeigen, wie gerade der Sport ganz besonders dazu geeignet ist, alle Schichten einander näher zu bringen […]"[278]) Während die nationalsozialistische Ideologie diesen Aspekt nicht explizit hervorhebt, wird er im Münsteraner Sportverständnis bereits 1934 zu einem zentralen Gedanken. (Sport ist demnach aktiv am Prozess der Einigung der Volksgemeinschaft beteiligt. Das Sportverständnis impliziert, dass der Sport Menschen, ungeachtet ihrer sozialen oder gesellschaftlichen Herkunft, einander näher bringt und deren Gemeinschaftsgefühl stärkt.[279])

Wichtig erscheint insgesamt die Feststellung, dass das Münsteraner Sportverständnis dem Sport auf vielfältige Art und Weise zuspricht, unmittelbar an der Umsetzung des Gedankens der Volksgemeinschaft beteiligt zu sein. Deutlich kommt zum Ausdruck: Das Münsteraner Sportverständnis vermittelt explizit die Instrumentalisierung des Sports zugunsten des nationalsozialistischen Ziels und Ideals der Volksgemeinschaft. Dabei sei in den vorangegangenen Beispielen dahingestellt, inwiefern der Sport

---

[273] Vgl. MA 07.11.1938.
[274] Vgl. MA 15.05.1938.
[275] Vgl. MA 12.01.1938.
[276] Vgl. MA 09.01.1938.
[277] Vgl. MA 10.01.1938.
[278] MA 25.02.1934.
[279] Vgl. Kapitel 4.2. der vorliegenden Arbeit.

tatsächlich gemäß der genannten Deutungsansätze zugunsten der Volksgemeinschaft wirkt.

Kurz nach seiner Ernennung zum Reichssportführer richtet Tschammer einen „Aufruf" an Turner und Sportler, um ihnen den „Weg zur Einheit" zu weisen. Bis zur Gründung des DRL wird dieses Leitmotiv von ihm immer wieder aufgegriffen. Im Reich sieht sich der Reichssportführer mit einer völlig zersplitterten Sportbewegung konfrontiert.[280] Das nationalsozialistische Sportverständnis, welches den Sport ganz im Dienste der Volksgemeinschaft sieht, wirkt unglaubwürdig, wenn der Sport organisationspolitisch Gegenteiliges suggeriert. Mit diesem Problem sieht sich auch der MA in der Vermittlung seines Sportverständnisses konfrontiert. Zwar kommt die latente Rivalität zwischen KdF und DRL, der stärker auf die Wettkampfebene abgedrängt wird, in Münster nicht zum Ausdruck[281], doch zumindest 1934 spielt die nicht einheitlich organisierte Verbands- und Vereinslandschaft im MA eine Rolle. Auffällig erscheint in der Berichterstattung des MA, dass bei sportlichen Veranstaltungen Einheit suggeriert wird.[282] Dies birgt das Potenzial die 1934 vorhandenen, uneinheitlichen Organisationsstrukturen des Sports in Münster zu verdecken. Für die Nationalsozialisten ist dies entscheidend, da die Einheit im Sport und darüber hinaus als unabdingbare Voraussetzung zu einheitlichem Denken, Wollen und Handeln gilt. Der Sport, seine Deutung und Erscheinungsform, bietet die Möglichkeit eine „visuelle Gleichschaltung" zu schaffen. Auf diese Art und Weise verschwinden soziale, kulturelle, regionale und individuelle Identitäten hinter einer „Scheinkollektivität", die die Existenz von Volksgemeinschaft (im Sport) vorspiegelt.[283]

Sport erscheint im Bild des MA als Vorbild für die Idee der nationalsozialistischen Volksgemeinschaft. („[...] um der Öffentlichkeit zu zeigen, wie gerade der Sport ganz besonders dazu geeignet ist, [...] den Gedanken der Volksgemeinschaft [...] zu

---

[280] Vgl. Bernett 76.
[281] Vgl. Langenfeld 310.
[282] Vgl. 4.3 der vorliegenden Arbeit.
[283] Vgl. Priamus 96.

pflegen."[284]) So vermittelt der Sport im März 1934 Geschlossenheit im Sinne der Volksgemeinschaft, wie in der Berichterstattung anlässlich des Sportfestes in der Halle Münsterland deutlich wird: „[...] Turner und Sportler, SA und SS Seit' an Seit' – Das neue Deutschland marschiert."[285] In der Vorberichterstattung zu eben dieser „machtvollen Kundgebung für die deutschen Leibesübungen" ist im MA zu lesen:

> „Das Hallensportfest soll nicht nur eine bloße Aufeinanderfolge turnerischer und sportlicher Darbietungen sein, sondern in seiner letzten Bedeutung ein einziges und einiges Bekenntnis für Volk und Vaterland. So werden beim Einmarsch die Kolonnen der Turn- und Sportverbände, der SA und SS, der Hitlerjugend und des DT in treuer Kameradschaft dahin ziehen, und ausklingen wird das Fest in dem feierlichen Gelöbnis: `**Ein Volk, ein Reich, ein Führer!**'" [Hervorhebung im Original.][286]

In dem der Veranstaltung folgenden Bericht schreibt der Journalist bereits in der Überschrift „Neuer Geist im münsterischen Sport" und meint damit in erster Linie den „lebendigen Film der Kameradschaft und Verbundenheit". Während im Rahmen des Berichtes „die einzelnen Darbietungen nur kurz skizziert" werden können, bleibt genügend Raum die Idee der Volksgemeinschaft mit dem Sport zu verbinden.[287]

> „Bürgermeister von Enbert überbrachte im Namen des verhinderten Oberbürgermeisters Hillebrand die Grüße der Stadtverwaltung. Mit Stolz und Freude nähmen Stadtverwaltung und Bürgerschaft, aber auch die militärischen und zivilen Behörden an dieser herrlichen Kundgebung der Einigkeit deutscher Jugend teil. Heute, im neuen Dritten Reich, herrsche nur noch ein Wille und ein Ziel: Deutschland über alles. [...] Nach dem Spruch des Gelöbnisses: „Wir geloben: Wir kämpfen heute und immerdar getreu den Gesetzen echter Volksgemeinschaft. Wir kämpfen heute und immerdar im echten deutschen Geist. Wir kämpfen nicht um eigene Ehren, sondern für ein einiges und großes deutsches Vaterland heute und immerdar!" rollte sich **der lebensprühende Film des neuen deutschen Sportgeistes** [Hervorhebung im Original] in bunter Reihenfolge ab."[288]

---

[284] MA 25.02.1934.
[285] MA 25.02.1934.
[286] MA 25.02.1934.
[287] Vgl. MA 05.03.1934.
[288] MA 05.03.1934.

Immer wieder wird im MA Sport direkt oder indirekt mit dem Leitbild Volksgemeinschaft verknüpft. Auch als Münster „im Zeichen des Jugend-Opfer-Tages" steht, bei dem vor allem der Handballsport mit sieben Vereinen als Publikumsmagnet fungieren soll, betont der MA, dass „[...] allein der Zusammenhalt aller Teile entscheidet".[289]

Durch den Bezug zur Volksgemeinschaft wird Sport unweigerlich mit einem Bezugspunkt nationalsozialistischer Politik verknüpft, welcher über den Sportkontext hinaus von zentraler Bedeutung ist. Damit einhergehend lässt sich feststellen: Die durch das Sportverständnis im Kontext der Volksgemeinschaft vermittelten Werte, Normen sowie Vorstellungen und die daraus resultierenden Zusammenhänge (Sportlogiken) lassen sich auf andere Phänomene, Tendenzen und Ereignisse des gesellschaftlich-politischen Lebens übertragen. Anhand von prägnanten Beispielen lässt sich dieser Zusammenhang verdeutlichen: Der bedingungslose Einsatz des einzelnen Sportlers für die Mannschaft wird im Münsteraner Sportverständnis hervorgehoben. Die Analogie zum politisch-gesellschaftlichen Leben erscheint geradezu banal: Wie die Sportgemeinschaft, so verlangt auch die nach nationalsozialistischem Vorbild funktionierende Volksgemeinschaft, dass jeder „Volksgenosse" seine Fähig- und Fertigkeiten selbstlos zum Wohle aller einsetzt. (Wie im Mannschaftssport sind „Kameradschaft, Aufopferung, Selbstaufgabe des persönlichen Ichs" „die Grundpfeiler des Erfolges".[290]) Die (politischen) Ziele und Ideale der Nationalsozialisten können, wie im Sport, nur durch gemeinsames Wirken und Handeln erreicht und realisiert werden. Erst im Kollektiv der Volksgemeinschaft können sich die Fähigkeiten des Individuums mit denen der übrigen „Volksgenossen" zu beutender Leistung steigern. Weitere „Sportlogiken" lassen sich übertragen. Das Münsteraner Sportverständnis betont, dass der Sport nur dann eine Berechtigung erhält, wenn er im Dienste der Volksgemeinschaft steht. Dabei wird unmissverständlich klar, ganz im Sinne nationalsozialistischer Ideologie, dass Sport kein „Selbstzweck" ist. Analog gilt der Nutzen

---

[289] Vgl. MA 01.04.1934.
[290] Vgl. MA 19.01.1938.

für die Volksgemeinschaft als alleiniger Maßstab für Handeln und Wirken des einzelnen Staatsbürgers. Die übergeordnete Zielsetzung lautet den „Staatsbürger" so zu prägen, dass er sich als „Diener der Volksgemeinschaft" betrachtet.

Bereits im Oktober 1934 stellt der MA mit der Wiedergabe der Worte Tschammers heraus: „Erziehungsarbeit ist aber, so grotesk es klingen mag, das Primäre, es kommt nur darauf an, wie man es macht."[291] Durch Sportlogiken, die über den Sport hinaus Gültigkeit besitzen, wird die von den Nationalsozialisten geforderte und die dem Münsteraner Sportverständnis implizierte „Erziehung" im Sport sinnfällig. Das Münsteraner Sportverständnis etabliert Sportlogiken, die sich nicht nur aus dem parteipolitischen Ideal und Ziel der Volksgemeinschaft ableiten, sondern die die zentralen Werte, Normen und Vorstellungen dieses Ziels und Ideals überhaupt erst vermitteln. Die dem Sport in seinem Sinnzusammenhang implizierten, gemäß nationalsozialistischer Ideologie geprägten, Werte, Normen und Vorstellungen gelten in gleichem Maße für die nach nationalsozialistischem Vorbild zu gestaltende Gesellschaft und Politik. Somit „erzieht" der Sport in seinem Sinnzusammenhang durch die Vermittlung des nationalsozialistischen Ziels und Ideals der Volksgemeinschaft die am Sport (an-)teilnehmende Bevölkerung (mit der Übernahme der dazugehörigen nationalsozialistischen Werte, Normen und Vorstellungen) zu systemkonformen „Gliedern" der nationalsozialistischen Gemeinschaft. Die moderne Sportpsychologie unterstreicht die Wirksamkeit dieser Methode, wenn sie schreibt: „Besser als Lehre ist Beispiel, im Spiel wie im Leben."[292,293]

---

[291] MA 28.10.1934.

[292] Meisl zit. in Frank Becker, „Der Sportler als `moderner Menschentyp´: Entwürfe für eine neue Körperlichkeit in der Weimarer Republik," Körper mit Geschichte: Studien zur Geschichte des Alltags, Hrsg. Clemens Wischermann und Stefan Haas (Stuttgart: Steiner, 2000) 234.

[293] Zusätzlich gilt: „Das Spiel eignet sich bestens zur Bestätigung von Stereotypen, und zwar sowohl in Bezug auf das Selbst- als auch in Bezug auf das Fremdbild." Fabian Brändle und Christian Koller, Goal!: Kultur und Sozialgeschichte des modernen Fussballs, (Zürich: Orell Füssli, 2002) 15.

5.2.2 Rassenreinheit und Rassenbewusstsein

Das Sportverständnis in Münster etabliert nicht nachhaltig das nationalsozialistische Ziel, die „Hebung der Rassenkraft"[294]. Ganz im Sinne Hitlers gesteht der MA dem Sport zu, Gesundheit zu erhalten und die „Volksgesundheit zu heben". Ebenso stellt er die Verbindung von Leib und Seele heraus und propagiert so die „Steigerung und Stärkung der Rassenkraft". Dieses Gedankengut findet allerdings nur vereinzelt Erwähnung und wird nicht konkret und eindeutig in die Sportberichterstattung eingeflochten. Während die „Rassenreinerhaltung" im nationalsozialistischen Verständnis ein zentrales Moment des Sports darstellt, findet dies im Münsteraner Sportverständnis nur beiläufig Beachtung. Dies gilt in besonderem Maße für das Sportjahr 1934.

5.2.3 Wehrfähigkeit

Getreu dem nationalsozialistischen Sportverständnis wird in Münster der Sport mit dem parteipolitischen Ziel und Ideal einer gesteigerten Wehrfähigkeit in Verbindung gebracht. Dabei gilt jedoch auch, dass der Sport in Münster nicht konsequent mit der Herausbildung von Eigenschaften, die zu einer gesteigerten Wehrfähigkeit im nationalsozialistischen Sinne beitragen, verknüpft wird. Während Hitler beispielsweise dem Boxsport u.a. das Potenzial zuspricht die „Angriffslust" zu fördern oder lehrt „Schläge zu ertragen", verzichten die Münsteraner auf solche Assoziationen. Auch der Gedanke der Überlegenheit und Unbesiegbarkeit, den der Sport nach nationalsozialistischem Verständnis vermitteln soll, findet keine nennenswerte Beachtung im Münsteraner Sportzusammenhang.

Auf der anderen Seite wird der Sport, gemäß nationalsozialistischem Vorbild, in den Dienst der soldatisch-kriegerischen Ausbildung gestellt. In diesem Sinne gelingt es neue Formen sportlicher Betätigung, die der soldatisch-kriegerischen Ausbildung dienen, zu etablieren. Auf diese und andere Sportarten wird soldatisch-kriegerisches Gedankengut projiziert. So kommen beim

---

[294] Vgl. MA 11.10.1938.

Fußball bspw. die Gedanken des „Wettkampfes" und der „Mannschaft" klar zum Ausdruck.[295,296] Getreu Hitlers Vorgaben spiegelt sich im Münsteraner Sportverständnis wider: Neben Eigenschaften wie Kameradschaft und Einsatzbereitschaft werden durch die aktive Teilnahme an sportlicher Betätigung auch physiologische Grundlagen und Bewegungsfertigkeiten als Vorbereitung und Ergänzung zu einer soldatisch-kriegerischen Ausbildung vermittelt. Dem Sport wird insgesamt zugesprochen unmittelbar zu einer gesteigerten Wehrfähigkeit beizutragen.

Soldatisch-kriegerische Elemente erfahren durch die positive Darstellung im Sportzusammenhang eine Aufwertung. Zudem werden sie durch regelmäßige Präsenz, wie bereits dargestellt wurde, zum selbstverständlichen Bestandteil des Sports. Im März 1934 kommt die Begeisterung für soldatisch-kriegerische Elemente im Sport klar zum Ausdruck:

> „Aber die Vorführung, die alle - besonders die Jugend - ganz in ihren Bann zog, war das Exerzieren des Begleitzuges der 8. (M.-G.) Kompanie des Inf.-Regts. 18 Münster. Das war eine Glanzleistung von einer Exaktheit und Schneidigkeit, die nicht zu übertreffen ist. Besonders der Schluss war außerordentlich effektvoll. Als das Kommando zum Absitzen und In-Feuerstellung-Gehen kam, da ging's „ruck-zuck", und schon knatterten die M.Gs. Und ebenso schneidig klappte das Aufsitzen. Diese Nummer musste jeden mitreißen - und das tat es auch."[297]

Damit ist eine optimale Voraussetzung geschaffen auch soldatisch-kriegerische Werte, Normen und Vorstellungen in einen (positiv besetzten) Sinnzusammenhang mit Sport zu stellen. Dabei vermittelt das Sportverständnis, wie im Kontext der Volksgemeinschaft, Sportlogiken, die sich auf andere Phänomene, Tendenzen und Ereignisse des gesellschaftlich-politischen Lebens übertragen lassen. Anhand von prägnanten Beispielen lässt sich dieser Zusammenhang verdeutlichen: Wettkampf heißt Auseinandersetzung. Dabei gilt es

---

[295] Vgl. MA 09.12.1936.
[296] Auch die moderne Sportwissenschaft erkennt dieses Potenzial des Sports. Für weitere Informationen: Norbert Elias, „Der Fußballsport im Prozess der Zivilisation," Der Satz "der Ball ist rund" hat eine gewisse philosophische Tiefe, Hrsg. Rolf Lindner und Harald Binnewies (Berlin: Transit, 1983) 12.
[297] MA 21.03.1934.

über seinen „Rivalen" zu triumphieren. Doch nicht die Auseinandersetzung zwischen Individuen gilt als Bezugspunkt, sondern der „Mannschaftssieg" ist im Münsteraner Sportverständnis von übergeordneter Bedeutung. Anstrengung bis „zum Letzten" erscheint hierbei als notwendige Voraussetzung.[298] Gleiches wird vom Volk verlangt, wenn es in den „zu erwartenden Umwälzungen"[299] (kriegerischen Auseinandersetzungen) um die Umsetzung nationalsozialistischer Politik geht. Jeder Soldat, jedes Mitglied der Volksgemeinschaft (der „Mannschaft") muss sich bis zum Tod (bis „zum Letzten") für den Sieg der deutschen Nation über seine Feinde („Rivalen") verzehren. Diesen Gedanken ergänzen die durch das Sportverständnis hervorgehobenen Eigenschaften der Kameradschaft und Einsatzbereitschaft. So kann Kameradschaft beispielsweise als Schlüssel zum Erfolg effektiv agierender Soldaten beitragen oder innerhalb der Bevölkerung dazu beisteuern, Zeiten der Not besser durchzustehen, indem gegenseitige Hilfe und Unterstützung erfolgen. Die Einsatzbereitschaft im Sport wird zur uneingeschränkten Einsatzbereitschaft für die parteipolitischen Ziele und Ideale der Nationalsozialisten. Genau wie im Sport sollen soldatisch-kriegerische Elemente in Politik und Gesellschaft eine Aufwertung erfahren. Die Steigerung und Erhaltung der Wehrfähigkeit wird zum zentralen Bezugspunkt in allen Lebensbereichen. Der Sport dient dazu, wie bereits im Kontext der Volksgemeinschaft erläutert, die Bevölkerung im nationalsozialistischen Sinne zu „erziehen". Dies geschieht durch die Vermittlung von Werten, Normen und Vorstellungen in einem Sinnzusammenhang, so wie sie dem Ziel und Ideal einer gesteigerten Wehrfähigkeit implizit sind.

5.2.4 Führungsanspruch

Wie bereits dargestellt, spiegeln sich nicht alle nationalsozialistischen Werte, Normen und Vorstellungen konsequent im Münsteraner Sportverständnis wider. Entsprechend verzichtet der MA auch

---

[298] Vgl. MA 09.04.1934.
[299] Vgl. Hitler 475.

weitgehend auf die eindeutige Verknüpfung der nationalsozialistischen Erziehungsziele „Kraft, Mut und Stärke" mit dem Münsteraner Sport. Entscheidend ist jedoch: Das in den Jahren 1934 und 1938/39 vermittelte Sportverständnis nimmt explizit Bezug auf den Nationalsozialismus. Es erfolgt eine eindeutige politische Ausrichtung des Sports. Der Gedanke der Volksgemeinschaft und die Steigerung der Wehrfähigkeit sind im Münsteraner Sportverständnis eindeutig auf den Nationalsozialismus bezogen. Nationalsozialistische Requisiten, sprachliche Stilmittel usw. dienen hierbei auf sportlichen Veranstaltungen als Beleg:

> „Auch die heutige dem Ausdruck innerer Geschlossenheit dienende Veranstaltung sei Ausdruck neuen deutschen Wollens, auf das sich das Wort bewahrheite [...] 'Niemals wird das Reich vergehen, wenn ihr einig seid und treu!' Mit einem dreifachen Sieg-Heil auf den Reichspräsidenten, den Volkskanzler, auf Volk und Vaterland schloss der Bürgermeister seine beifällig aufgenommene Ansprache, der der gemeinsame Gesang des Deutschlands und Horst-Wessel-Liedes folgte."[300]

Damit wird das Münsteraner Sportverständnis in einem wesentlichen Teil dem Führungsanspruch der Nationalsozialisten gerecht. Auch wenn der Sport 1934 noch im Schatten der allgemeinen Gleichschaltung ein Eigenleben führen mag, welches dem Totalitätsanspruch der Nationalsozialisten widerspricht[301], so dient dem Münsteraner Sportverständnis außerhalb des „Sports als Selbstzweck" der Nationalsozialismus als einziger Bezugspunkt. Der Sport erhält in diesem Kontext nicht nur Vorbildcharakter, sondern vermittelt ebenso das Ziel und Ideal des absoluten Führungsanspruches der Nationalsozialisten. Ebenso wie im Sport soll der Nationalsozialismus die alleinige, uneingeschränkte Führung in Gesellschaft und Politik übernehmen.

Die übergeordnete Prämisse des nationalsozialistischen Führungsanspruches lautet: Uneingeschränkte Einsatzbereitschaft der Münsteraner für die angestrebten politischen Vorhaben. Dieses Ziel

---

[300] MA 05.03.1934.
[301] Vgl. Langenfeld 293.

verfolgt das Münsteraner Sportverständnis, wenn dem Individuum gar die „privaten Rechte" am eigenen Körper abgesprochen werden. Erziehung im Münsteraner Sport bedeutet: Vermittlung der nationalsozialistischen Ziele und Ideale. Denn erst durch die Übernahme und Anerkennung der nationalsozialistischen Werte, Normen und Vorstellungen kann die Münsteraner Bevölkerung die geforderte uneingeschränkte Einsatzbereitschaft für die politischen Ziele und Ideale zeigen.

5.2.4.1 Alternative Denkmuster

Die Feststellung, dass nationalsozialistisches Gedankengut durch den MA vermittelt wird, impliziert nicht, dass es sich bei dem nationalsozialistisch konformen, zuvor skizzierten Sportverständnis in allen Facetten um von den Nationalsozialisten neu integrierte bzw. entworfene Werte, Normen und Vorstellungen handelt. Bereits in der Weimarer Republik lehnt der katholische Sport, repräsentiert durch die DJK, entgegen den bürgerlichen Vereinen in Münster eines allein auf den Sport bezogenes Wettkampf- oder Leistungsstreben ab. Dem entgegen stellt sie ein Sportverständnis, welches ganzheitlich „Körper, Geist und Seele" verbindet.

> „Die Jagd nach Punkten und Rekorden, der `Körperkult´ statt der `Körperkultur´, d.h. der gleichmäßigen, gottgefälligen Durchbildung und Erhaltung des Leibes, war im katholischen Verständnis ein Auswuchs der industriellen Leistungsgesellschaft, die Mitschuld am geistig-kulturellen Verfall trug. Dass die DJK im Wesen eine geistige Bewegung und deswegen der Sinn der Leibesübungen nicht der Körper, sondern der Geist sei, predigten die Funktionäre unablässig."[302]

Sport als Mittel der Erziehung wird zum zentralen Moment des katholischen Sportverständnisses. Dass die Katholiken diesem Sportverständnis allerdings nicht treu bleiben können, belegt ein Blick in den MA: Die DJK beteiligt sich an Punktspielen und Wettkämpfen sowohl 1923 als auch 1934. Ein Grund hierfür mag in der Attraktivität dieser Erscheinungsform des Sports für die Bevölkerung liegen.[303] Die

---

[302] Langenfeld 224.
[303] Vgl. Langenfeld 226.

Entwicklung des Münsteraner Sportverständnisses in diesem Punkt entgegen den Vorstellungen der DJK ist umso erstaunlicher, wenn man bedenkt, dass sich Münster zur Zeit der Weimarer Republik als Hochburg des katholischen Sports präsentiert.[304]

Zwar ähnelt das Sportverständnis der DJK in einzelnen Ansätzen dem der Nationalsozialisten. (Dies gilt nicht nur für die grundsätzlich ablehnende Haltung gegenüber dem Leistungs- und Wettkampfgedanken zugunsten einer „ganzheitlichen" Erziehung, sondern auch für das gesteigerte Nationalbewusstsein, sowie für den Einsatz von Sport zur Vermittlung soldatisch-kriegerischer Fähig- und Fertigkeiten.[305]) Und doch ist das katholische Sportverständnis in den gemeinsamen Ansatzpunkten nicht so radikal und totalitär wie das der Nationalsozialisten. Zudem steht der Sport nicht im Dienste rassistischer und imperialistischer Zielsetzungen. Die Bezugnahme auf das Sportverständnis der DJK macht deutlich: Es gibt alternative Bezugspunkte in Politik und Gesellschaft, die als Orientierungsmaßstab für das Münsteraner Sportverständnisses dienen können. Dennoch vermag es der katholische Sport nicht, den nationalsozialistischen Werten, Normen und Vorstellungen wirksam eigene entgegen zu stellen. Explizit sei das Sportverständnis der DJK an dieser Stelle erwähnt, da auch während der nationalsozialistischen Herrschaft Münster durch den Einfluss der katholischen Kirche geprägt ist.[306] Zwar wird über den katholischen Sport im MA berichtet, doch wird dabei kein spezifisches Sportverständnis vermittelt. Im Oktober 1934 sind in der Tageszeitung Auszüge aus einer Rede Tschammers in Münster zu lesen. Darin heißt es:

> „Ich dulde es im Reichsbund für Leibesübungen unter keinen Umständen, dass konfessionelle Fragen auftauchen. Wer im Reichsbund für Leibesübungen arbeitet, arbeitet für Deutschland und nicht für die Kirche. Ich kenne kein katholisches und kein evangelisches, ich kenne nur deutsches Turnen."[307]

---

[304] Vgl. Langenfeld 248-250.
[305] Vgl. Langenfeld 216.
[306] Vgl. Kuropka 310ff.
[307] MA 28.10.1934.

Getreu diesem Motto berichtet der MA nicht nur über Turnen im Speziellen, sondern auch über Sport im Allgemeinen.

Wird in der Sportberichterstattung ein politischer Bezug hergestellt, so dient lediglich, wie bereits erläutert, der Nationalsozialismus als Referenz. Sein Sportverständnis erhält ein erdrückendes Gewicht im Münsterschen Anzeiger. Ausdruck dessen sind auch die neuartigen Formen sportlicher Betätigung, wie die Tageszeitung im März 1934 bemerkt: „Dieses Hallensportfest in Münster trägt ein anderes, ein neues Gesicht, das Gesicht des nationalsozialistischen Deutschlands, welches auch die deutschen Leibesübungen grundlegend umgestaltet hat."[308] Und obwohl die nationalsozialistischen Werte, Normen und Vorstellungen den Sport dominieren, dies muss der Vollständigkeit halber festgehalten werden, vermögen sie es nicht gänzlich, den Sport als Selbstzweck zu verdrängen. Die Instrumentalisierung des Sports steht (auch 1938) unvermittelt neben der Sportberichterstattung, die reines Vergnügen, individuellen Ehrgeiz, pure Faszination oder andere private und individuelle Beweggründe am Sport zu partizipieren, erkennen lässt.

5.3 Zusammenfassung

In Münster erfolgt eine Instrumentalisierung des Sports auf vielfältige Art und Weise. Die aktive Teilnahme am Sport ermöglicht den Nationalsozialisten, Anschluss an die Bevölkerung Münsters zu finden. Durch die aktive Teilnahme an sportlichen Veranstaltungen erhalten die Nationalsozialisten die Möglichkeit, ihre Akzeptanz und Beliebtheit in der Stadt zu steigern. Letztlich stellt sich der Münsteraner Sport gar in den Dienst der Nationalsozialisten, um diese in Szene zu setzen und in einem guten Licht erscheinen zu lassen.

Der Vergleich des Münsteraner Sportverständnisses mit dem nationalsozialistischen offenbart eine weiterführende Instrumentalisierung. Getreu des nationalsozialistischen Sportverständnisses wird der Sport nicht nur explizit auf den Nationalsozialismus bezogen, sondern im Spiegelbild des Münsteraner

---

[308] MA 25.02.1934.

Sportverständnis eindeutig in seinen Dienst gestellt, um die Ziele und Ideale der Volksgemeinschaft und einer gesteigerten Wehrfähigkeit umzusetzen. Sportlicher Betätigung wird beispielsweise der unmittelbare Nutzen zugesprochen, die Wehr- und Arbeitskraft der Bevölkerung zu heben. Dabei erscheint es an dieser Stelle unwichtig, ob und inwiefern der Sport tatsächlich die durch das Sportverständnis propagierten Ziele und Ideale umzusetzen vermag. Entscheidend ist, dass der Sport nationalsozialistische Werte, Normen und Vorstellungen in einem Sinnzusammenhang transportiert und vermittelt, der sich auf andere Phänomene, Tendenzen und Vorstellungen gesellschaftlichen und politischen Lebens übertragen lässt. Auf diese Art und Weise trägt der Sport dazu bei, die Ideale und Ziele der Volksgemeinschaft, der Wehrfähigkeit und des uneingeschränkten Führungsanspruches der Nationalsozialisten zu vermitteln. Damit trägt der Sport durch die Vermittlung von „Sportlogiken" zu einer „Erziehung" der Münsteraner Bevölkerung getreu nationalsozialistischer Ziele und Ideale bei.

6. Popularität des Sports

Es kann nur davon ausgegangen werden, dass der instrumentalisierte Sport die Münsteraner tangiert, wenn die Bevölkerung überhaupt am Sport partizipiert bzw. sich für diesen interessiert. Wie erfolgreich es dem Regime also gelingt, die Bevölkerung durch den Sport zu prägen, ist entscheidend davon abhängig, inwiefern diese an den unterschiedlichen Erscheinungsformen des Sports (An-)teil nimmt. Dies impliziert die Frage nach der Bedeutung des Sports für die Münsteraner. Nur wenn Sport populär erscheint, ist er dazu geeignet, die Einwohner Münsters zu beeinflussen. In der folgenden Darstellung wird davon Abstand genommen, die sportbegeisterte Bevölkerung verschiedenen sozialen Milieus zuzuordnen. Gilt doch bereits für die Weimarer Republik, dass die Arbeit mit einem dezidierten Milieubegriff kaum noch zu vertreten ist, so ist dies, in Bezug auf das vorliegende Thema, auch für die nationalsozialistische Zeit anzunehmen.[309]

Dass der Sport im gesellschaftlichen Leben der Münsteraner zur Zeit der Nationalsozialisten seinen festen Platz hat, lässt sich an der Berichterstattung des MA erkennen. Die Häufigkeit bzw. Ausführlichkeit der Sportberichterstattung zu einzelnen Erscheinungsformen des Sports in der Tageszeitung dienen hierbei als primäre Indikatoren. Dieser Zugang bietet sich an, da, wie bereits erläutert, davon auszugehen ist, dass der MA bestrebt ist, die Bedürfnisse der Leser mit seiner Berichterstattung zu befriedigen. Regelmäßige und ausführliche Sportberichterstattung lässt somit auf ein entsprechendes Interesse der Bevölkerung am Sport schließen. Die (An-)Teilnahme der Bevölkerung an sportlichen Ereignissen als Aktive und als Zuschauer in großer Anzahl stützt die These, dass es der Sport in Münster vermag, die Bevölkerung in seinen Bann zu ziehen.

---

[309] Zu bedenken gilt, dass traditionelle Sozialmilieus bereits seit dem Ende des ersten Weltkrieges ihre Konturen verlieren. Es ist von einer sozial nivellierten „Massengesellschaft" (auch) im Sport auszugehen. Vgl. Becker, <u>Der Sportler als moderner Menschentyp</u> 34.

Der Stellenwert des Sports in Münster erfährt von der Zeit der Weimarer Republik (1923) bis hin zu den Jahren 1934 bzw. 1938/39 eine Aufwertung. Bereits im Mai 1921 stellt der MA ein wachsendes Bedürfnis an sportlicher Betätigung in Münster fest, wie sich indirekt aus dem Bedarf an neuen Sportstätten auf Grund der wachsenden Anzahl sportbegeisterter Münsteraner ablesen lässt. In diesem Kontext ist zu lesen:

> „Mit erhöhtem Eifer haben sich die Sportvereinigungen Münsters in den letzten Jahren, fast ohne Inanspruchnahme städtischer Beihilfen, Anlagen für die dringendsten Bedürfnisse der Leibesübungen geschaffen. […] Auf die Dauer ist aber die wünschenswerte Weiterentwicklung von Spiel und Sport […] nicht zu erreichen ohne eine Anlage, die größere Wettbewerbsspiele ermöglicht." [310]

Im Vergleich der Jahre 1923[311], 1934 und 1938/39 ist eine Zunahme von Berichten im Sportzusammenhang zu verzeichnen. Daraus lässt sich erkennen: Sport zieht das Interesse zusehends auf sich und gewinnt an Bedeutung. Besonders signifikant fällt der Vergleich zwischen der frühen Weimarer Republik (1923) mit dem Jahr 1938/39 aus.[312] Zwar ist die Berichterstattung über Turnveranstaltungen rückläufig und die Anzahl von Radrennen und Reitturnieren[313] stagniert weitgehend, doch über diese Sportarten wird auch 1938/39 weiterhin häufig im MA berichtet. Im Gegensatz zu Sportarten wie Schwimmen, Kegeln, Hockey, Tennis oder Gewichtheben, die in Münster sowohl 1923 als auch 1938/39 nur gelegentlich in der Sportberichterstattung auftauchen, erhalten andere Sportarten 1938/39 deutlich mehr Beachtung. Dies gilt sowohl für den Boxsport als auch für die Münsteraner Schützen und leichtathletische Mehrkämpfe. Fußball und Handball finden schon 1923 im MA regelmäßig Erwähnung und sind 1938/39 nicht mehr aus der Sportberichterstattung wegzudenken. Kaum eine Woche vergeht, in der

---

[310] MA 14.05.1921.
[311] 1923, das Krisenjahr der Weimarer Republik, ist überraschender Weise ein günstiges Jahr für den Münsteraner Sport. Eine Zunahme sportlicher Veranstaltungen und Wettkämpfe lässt sich im Vergleich zu vorangegangenen Jahren feststellen. Vgl. MA 1. Jan. 1923-31. Dez. 1923.
[312] Vgl. MA 01.01.1923-31.12.1923. MA 01.01.1938-01.10.1939.
[313] So betont auch der MA: „[…] trotz Auto- und Flugsport und anderer neuzeitliche Sportarten hat der Pferdesport nichts an Interesse eingebüßt." MA 21.01.1934.

nicht über die zwei Spielsportarten im MA berichtet wird. Dies gilt im besonderen Maße für den Fußball.

Die Ausführlichkeit der Sportberichterstattung mit dem Zusatz von Fotos erscheint als Indiz für ein gesteigertes Interesse der Bevölkerung am Sport und unterstreicht damit den Stellenwert des Sports in der Stadt. Als Beispiel sei hierzu die „Nacht" in der Halle Münsterland genannt, die der MA im Januar 1938 als „großes Ereignis" ankündigt.[314] Im Anschluss an die Radrennen lässt der MA das Event mit einem großen Bericht und drei Fotos Revue passieren.[315] Sogar sechs „packende Kampfbilder" werden dem Zeitungsleser im September 1934 geboten, als der MA wiederholt über die Sportwettkämpfe der Oberschulen Münsters berichtet.[316] Gerade die Anzahl der Fotos in der Sportberichterstattung unterstreichen die Bedeutung des Sports in Münster, wenn man bedenkt, dass für die übrige lokale Berichterstattung lediglich vereinzelt Fotos abgedruckt werden. Auf Grund der ausführlichen Sportberichterstattung verwundert es nicht, wenn der MA im Januar 1934 die Sportkenntnisse der Münsteraner Bevölkerung herausstellt: „Die Fähigkeiten im Einzelnen nochmals näher zu erörtern, erübrigt sich bei der ausgezeichneten Sach- und Personenkenntnis der münsterischen Radsportfreunde."[317]

Dass der Sport für viele Münsteraner von Bedeutung ist, belegt die Anzahl der Aktiven und Zuschauer auf sportlichen Events. Anlässlich des Reit- und Fahrturniers im Januar 1934 stellt der MA bei der Teilnahme von über 700 Aktiven einen enormen Besucherandrang fest:

> „Der Besuch war in diesem Jahr an allen drei Tagen überaus stark. Am Sonntag war der Andrang so stark, dass die Halle schon vor Beginn überfüllt war und geschlossen werden musste, obwohl noch einige Hunderte Einlass begehrten."

---

[314] Vgl. MA 12.01.1938.
[315] Vgl. MA 17.01.1938.
[316] Vgl. MA 25.09.1934.
[317] MA 06.01.1934.

Ein weiteres Beispiel für den Sport als Zuschauermagnet bietet das Fußballspiel des SC Preußen 06 gegen den FC Schalke 04 im Dezember 1936 mit über 6 000 Zuschauern.[318] Der Sport vermag es an diesem Tag gar, weitere Zuschauer zu mobilisieren:

> „Trotz des zu gleicher Zeit stattfindenden Freundschaftsspieles zwischen dem FC Schalke 04 und SC Preußen Münster, hatte der Deutsche Handballmeister Hindenburg Minden seine Anziehungskraft bei den münsterischen Handballfreunden nicht verfehlt, denn zu hunderten waren sie gekommen, um den Meister im Kampf mit dem MSV Münster zu sehen."[319]

Anlässlich des Laufereignisses „Rund um Münster" verkündet der MA im Mai 1938 Rekordergebnisse bei der Anzahl von Aktiven und Zuschauern. Es melden sich 80 Mannschaften und insgesamt 1 000 Läufer.[320] Zahllose weitere Beispiele, die verdeutlichen, dass der Sport zahlreiche Münsteraner als Aktive und Zuschauer in seinen Bann zieht, lassen sich bei einem Blick in den MA für den vorliegenden Untersuchungszeitraum finden.[321]

Im Vergleich zur Weimarer Republik ist auffällig, dass der Münsteraner Sport zunehmend durch neue bzw. an Bedeutung gewonnene sportliche Betätigungsformen geprägt wird. Zunächst einmal sei hierzu der Sport bei KdF genannt. Vor allem durch den Kontrast zum normierten, wettkampforientierten Vereinssport wird der nationalsozialistischen Sportgemeinschaft zugesprochen, ganz im Dienste der Volksgemeinschaft zu stehen. Bereits im Januar 1934 ist im MA zu lesen, dass die erste Veranstaltung der „Kraft durch Freude" in der Stadthalle ein voller Erfolg gewesen sei. Entsprechend schloss die „mit Aufmerksamkeit und dankbaren Beifall aufgenommene Ansprache mit einem dreifachen Sieg-Heil auf die deutsche Volksgemeinschaft und ihren herrlichen Führer".[322] Im April 1938

---

[318] Vgl. MA 09.12.1936.
[319] MA 09.12.1936.
[320] Vgl. MA 12.05.1938.
[321] Bspw. füllen im Januar 1934 „etwa 1300 Zuschauer, darunter Vertreter der verschiedenen Behörden, SA und SS, sowie des Sportführerringes [...] die Halle derartig, dass mancher keinen Eintritt mehr fand." Vgl. MA 11.01.1934. Ein weiteres Beispiel bietet sich im Januar 1934, als dem „Boxgroßkampf in Münster" 3 500 Zuschauer beiwohnen. Vgl. MA 24.06.1934.
[322] Vgl. MA 22.01.1934.

stellt der MA dann unter der Überschrift „Ein fröhlicher Sommer mit `Kraft durch Freude'" wiederholt wachsende Teilnehmerzahlen für das Jahr 1937 fest.[323] KdF ist zu einem bedeutenden Bestandteil des Münsteraner Sports geworden.[324]

Ebenso treten die Sportschützen, der Wehrsport und der technisch-moderne (Flug- und Motor-) Sport verstärkt ins Bewusstsein der Öffentlichkeit. In besonderem Maße werden diese sportlichen Betätigungsformen mit der Wehrhaftmachung nach nationalsozialistischem Vorbild verknüpft. Die Sportschützen erfahren unter den nationalsozialistischen Machthabern eine deutliche Aufwertung ihrer Sportart bis 1938/39. Folgendes Beispiel ist symptomatisch für die noch verhältnismäßig geringe Bedeutung des Schießsports im Jahre 1934. Im August wurde „vom 22. bis 25.06 [...] von der Arbeitsgemeinschaft Deutscher Postsportvereine der 3. Reichswettkampf im Kleinkaliberschießen ausgeführt".[325] Im MA ist lediglich sechs Tage nach der Veranstaltung in einem kleinen Artikel zu lesen, dass daran 30 Münsteraner Schützen teilnehmen.[326] Die geringfügige Teilnehmerzahl, die verzögerte Berichterstattung, sowie der knappe Umfang, den der Artikel im MA einnimmt, lassen das geringe Interesse am Schützensport evident werden. Dies ändert sich 1938. Im September 1938 titelt der MA „Der große Tag von Münsters Schützen" und schreibt: „[...] man konnte allgemein feststellen, dass die Schießgruppen größer und stärker geworden sind. Jeder Verein stellte zum Wettstreit zwei Mannschaften zu je vier Mann [...]."[327] Die neue Bedeutung der Schützenvereine wird im Mai 1938 unterstrichen. Der MA berichtet, dass im vergangenen Jahr nicht weniger als 200 neue Schießstände eingerichtet wurden. Auch betont er, dass nach dem zwischen dem Deutschen Schützenverband und der HJ geschlossenen Vertrag alle 16- bis 18-Jährigen den Schützenvereinen zur Ausbildung im Schießen zugeführt werden. Die Vereine erhalten hieraus „die

---

[323] Vgl. MA 03.04.1938.
[324] So offenbaren sich für die Münsteraner auch gänzlich neue Sportarten, wie z.B. Skifahren. Vgl. MA 01.10.1938.
[325] Vgl. MA 01.07.1934.
[326] Vgl. MA 01.07.1934.
[327] MA 05.09.1938.

Möglichkeit, sich für die Zukunft lebensstark zu erhalten".[328] Ein Bedeutungszuwachs der Sportart lässt sich zudem an der Teilnahme von Ehrengästen bei Veranstaltungen der Sportschützen erkennen. So begrüßt bspw. „der neue Unterkreisführer Kranefeld" beim „großen Tag von Münsters Schützen" u.a. Oberbürgermeister Hillebrand, Gauschützenführer Lühn und Kreisschützenführer Ebbers.[329]

Auf ein enormes Interesse bei der Münsteraner Bevölkerung stoßen auch die modernen technischen Sportarten, der Flug- und Motorsport. Dies gilt in besonderem Maße für das Jahr 1938. Obwohl in Münster keine Autorennen in der Presse Erwähnung finden, vermögen es gerade die Motorräder des NSKK und die Flugzeuge des NSFK die Münsteraner in ihren Bann zu ziehen. Als Beispiel sei die „Sternfahrt" der Motorstandarte 66 (des NSKK) im November 1938 genannt.[330] 400 Fahrzeuge werden zu diesem Anlass geschmückt oder mit Spruchbändern versehen. Die Münsteraner engagieren sich nicht nur zahlreich aktiv bei der Aktion, sondern honorieren den Aufwand auch mit ihrer Anwesenheit als Zuschauer. Neben weiteren Vorführungen des NSKK ziehen an diesem Wochenende auch die fliegerischen Vorführungen des NSFK zahlreiche begeisterte Münsteraner in ihren Bann. Entsprechend berichtet der MA mit drei Fotos über das Spektakel.[331] Gemessen an der allgemeinen Bedeutung, die den modernen technischen Sportarten in Münster zuteil wird, verwundert auch nicht die ausführliche Berichterstattung über die Fliegerjugend der NSFK-Gruppe 10 Westfalen, die sich im Mai 1938 zum Segelflugmodell-Wettbewerb trifft.[332]

Die explizite Verbindung von Sport und soldatisch-kriegerischen Elementen integriert eine neue sportliche Erscheinungsform in der Gauhauptstadt. Der Sport erhält dabei in seiner praktischen Ausführung primär Elemente, die auf spezifisch soldatisch-kriegerische Elemente hin ausgerichtet sind. Dass diese sportliche Erscheinungsform in Münster Bedeutung erhält, verdeutlicht

---

[328] MA 15.05.1938.
[329] MA 05.09.1938.
[330] MA 07.11.1938.
[331] Vgl. MA 07.11.1938.
[332] Vgl. MA 08.05.1938.

ein Blick in den MA im Juni 1934. Zahlreiche Zuschauer bewundern die über 400 Teilnehmer des Sportfestes des 1. Sturm 1/19 (SS Standarte), bei dem soldatisch-kriegerische Übungsformen im Mittelpunkt der Aufmerksamkeit stehen.[333] Im Juni 1934 bieten gar 1 000 Aktive den Zuschauern ein wehrsportliches Spektakel auf dem Sportfest der SA Standarte 13 Münster.[334] Und im Juli 1934 handeln zahlreiche Münsteraner mit dem Erscheinen auf dem „Sportfest der Hitlerjugend Unterbann II/13" ganz im Sinne des MA, der schreibt: „Wir hoffen, dass nicht nur die Eltern der Hitlerjungen, sondern auch viele Bürger der Stadt Münster an diesem Sportfest durch regen Besuch Anteil nehmen."[335] Die soldatisch-kriegerische Ausrichtung des Sports ist nicht zu verkennen. Die wehrsportliche Betätigung erhält 1938 durch das Interesse der Münsteraner einen weiteren Bedeutungszuwachs. Im November 1938 findet zum fünften Male der Viktor-Lutze-Gepäckmarsch statt. Zum „größten wehrsportlichen Kampf dieser Art" schreibt der MA:

> „Das heißt nicht mehr und nicht weniger, als das insgesamt über *14 000 Mann* [Hervorhebung im Original] am Sonntag in Westfalen marschieren. Diese Tatsache lässt eindeutig erkennen, welche Bedeutung diesem wehrsportlichen Ereignis beizumessen ist."[336]

Die Bedeutung der Veranstaltung würdigt der MA zudem mit zwei Seiten Berichterstattung und insgesamt 6 Fotos.[337]

Insgesamt kann ein ausgeprägtes Interesse für den Sport festgestellt werden. Im Umkehrschluss bedeutet dies, dass die enorme öffentliche Präsenz des Sports, hier evident durch die Berichterstattung des MA, erst auf Grundlage des großen Interesses der Münsteraner zustande kommt. Da der MA bestrebt ist, die Bedürfnisse seiner Leser zu befriedigen, lässt sich eine regelmäßige und ausführliche Berichterstattung nur rechtfertigen, wenn zahlreiche Münsteraner sich für den Sport, so wie er in der Tageszeitung zum Ausdruck kommt,

---

[333] Vgl. MA 24.06.1934.
[334] Vgl. MA 10.06.1934.
[335] MA 01.07.1934.
[336] MA 28.11.1934.
[337] Vgl. MA 28.11.1934.

interessieren. Darüber hinaus erscheint es logisch, dass die verschiedenen Erscheinungsformen von Sport ihre Ausgestaltung erst durch die Teilnahme der Münsteraner (vor allem als Aktive und Zuschauer) erhalten. Letztlich lässt sich also feststellen, dass die enorme (An-)Teilnahme der Münsteraner nicht nur dokumentiert, dass der Sport zu einem festen und bedeutenden Bestandteil des alltäglichen, gesellschaftlichen Lebens in Münster geworden ist, sondern dass dieses ausgeprägte Interesse überhaupt erst dem Sport zu seiner Bedeutung verhilft.

6.1 Zusammenfassung

Vor allem Häufigkeit und Umfang der Sportberichterstattung im Münsterischen Anzeiger untersteichen das Interesse der Münsteraner Bevölkerung am Sport und damit dessen Stellenwert. Die zahlreichen Aktiven und Zuschauer auf sportlichen Veranstaltungen stützen die These, dass der Sport in Münster einen festen Platz im Alltagsleben der Münsteraner einnimmt. Durch die Etablierung neuer bzw. Aufwertung einzelner sportlicher Betätigungsformen wird die Ausrichtung des Münsteraner Sports an nationalsozialistischen Zielen und Idealen unterstrichen. Das durch den MA vermittelte Münsteraner Sportverständnis ist somit einem Sport zueigen, an dem die Münsteraner in großer Zahl (an-)teil nehmen und ihm dadurch gleichzeitig einen bedeutenden Platz im gesellschaftlichen Leben der Stadt einräumen.

7. Schlussbetrachtung

7.1 Zusammenfassung

In Münster erfolgt eine Instrumentalisierung des Sports zugunsten nationalsozialistischer Ziele und Ideale. Das Sportverständnis in Münster suggeriert, dass der Sport vor allem zur Verwirklichung der Volksgemeinschaft und zur Steigerung der Wehrfähigkeit des deutschen Volkes beiträgt. Die Führung durch die Nationalsozialisten erscheint absolut. Der nationalsozialistischen Forderung, dass der Sport der Anerkennung und Stabilisierung des nationalsozialistischen Regimes und einer (entsprechend) vollständigen Anpassung („Erziehung") des deutschen Volkes dienen soll, wird der Münsteraner Sport in seinem Sinnzusammenhang auf unterschiedliche Art und Weise gerecht. Prägnant erscheint dabei zum einen die Instrumentalisierung des Sports zugunsten einer positiv besetzten (Selbst-)Darstellung der Nationalsozialisten. Zum anderen dokumentiert das Sportverständnis die Vermittlung und Etablierung von Sportlogiken, die sich auf das gesellschaftliche und politische Leben nach nationalsozialistischem Vorbild übertragen lassen. Der instrumentalisierte Sport vermag es in diesem Kontext die Münsteraner, getreu nationalsozialistischen Vorstellungen, gemäß den Zielen und Idealen der Machthaber zu „erziehen". Durch die enorme (An-)Teilnahme der Bevölkerung erhält der instrumentalisierte Sport seine Bedeutung.

7.2 Schlussfolgerung/Ergebnis

Wie in der Zusammenfassung noch einmal deutlich wurde, konnte die der Examensarbeit zugrunde liegende Fragestellung bereits insofern adäquat beantwortet werden, als dass aufgezeigt wurde, dass und inwiefern eine Instrumentalisierung des Sports zugunsten nationalsozialistischer Ziele und Ideale erfolgt. In einem weiteren Schritt bleibt in Bezug auf die Fragestellung zu klären, inwiefern die Instrumentalisierung des Sports auf Akzeptanz bei der Bevölkerung stößt. Von der Beantwortung der Frage ausgehend werden weiterführende, damit unmittelbar in Zusammenhang stehende Aspekte aufgegriffen. Diese erscheinen von Relevanz, um den Sport im Wirkungs- und Sinnzusammenhang des nationalsozialistischen Münster zu verorten.

Ebenso facettenreich wie das Münsteraner Sportverständnis präsentiert sich auch die Münsteraner Sportlandschaft. Dabei leisten im Spiegel des Münsteraner Sportverständnisses tagtäglich die unterschiedlichen Erscheinungsformen von Sport (einzelne Sportarten, Veranstaltungen, Wettkämpfe etc.) ihren Beitrag zu einer am Nationalsozialismus ausgerichteten Instrumentalisierung des Sports. Ob dies nun bspw. in völlig eindeutiger Form, wie beim Sport mit wehrspezifischer Ausrichtung, der klar im Dienste der Hebung der Wehrfähigkeit steht, oder auf subtilere Art und Weise wie beim Fußball (bspw. in Form der Vermittlung der Bezugspunkte „Mannschaft" und „Wettkampf" oder beim Einsatz für die Volksgemeinschaft, augenscheinlich bei Sammlungen für das WHW u.ä.) geschieht, spielt dabei zunächst keine Rolle. Das Sportverständnis und damit auch die Instrumentalisierung stützen sich letztlich auf die Summe der verschiedenen Erscheinungsformen des Sports, die diesbezüglich, einzeln betrachtet, vielleicht unwichtig erscheinen mögen. Im Umkehrschluss erscheint es daher sinnvoll bei der nun folgenden Betrachtung den instrumentalisierten Sport in seinem Wirkungszusammenhang als Ganzes zu betrachten und nicht die verschiedenen Erscheinungsformen des Sports im Einzelnen.

Es kann davon ausgegangen werden, dass durch das (freiwillige) Engagement der Münsteraner der Sport in all seinen (öffentlichen) Erscheinungsformen überhaupt erst realisierbar wird.[338] Dies geschieht bspw. durch die Einsatzbereitschaft von Trainern, Spielern, Organisatoren, Platzwarten, Schiedsrichtern, Sponsoren und Sportjournalisten. Folglich sind zahlreiche Münsteraner insgesamt an der Umsetzung der verschiedenen Erscheinungsformen von Sport beteiligt. Ohne diese umfangreiche Unterstützung durch die

---

[338] Auf diese Zusammenhänge verweist die moderne Sportsoziologie. Vgl. Elliot Aronson, Sozialpsychologie: Menschliches Verhalten und gesellschaftlicher Einfluss, (Heidelberg: Spektrum, 1994).

Bevölkerung erscheint es schwierig, die verschiedenen Erscheinungsformen von Sport in Münster langfristig zu etablieren.[339] Gleichzeitig stellt der Sport in Münster keine zweckfreie Freizeitbeschäftigung dar, sondern wird durch das Sportverständnis in einen Sinnzusammenhang mit nationalsozialistischen Zielen und Idealen gestellt. Der Sport wird instrumentalisiert und die Sportberichterstattung verdeutlicht dies den Münsteranern auf eindeutige Art und Weise. Somit lässt sich festhalten: Würde der Sport in seinem Kontext auf Ablehnung bei der Bevölkerung stoßen, wäre eine solch umfangreiche Unterstützung, wie die der Münsteraner, nur schwer erklärbar. Darüber hinaus spiegelt die enorme (An-)Teilnahme der Münsteraner, bspw. als Zuschauer, Leser oder aktive Sportler, eine Begeisterung für den Sport, so wie sie ihn wahrnehmen, d.h. so wie er in seinem Sinnzusammenhang erscheint, wider. Eine solche Begeisterung wäre nur schwer vorstellbar, würde dieser nicht eine Zustimmung für den Sport in seinem nationalsozialistisch geprägten Sinnzusammenhang zugrunde liegen. Und da der Sport erst durch die Partizipation der Münsteraner zum bedeutenden Bestandteil des gesellschaftlichen Lebens wird, lässt sich festhalten: Der instrumentalisierte Sport stützt sich letztlich nicht nur auf die Akzeptanz, sondern ebenso auf die Zustimmung einer breiten Bevölkerungsschicht.

Mit dem Bedeutungszuwachs des instrumentalisierten Sports erscheint es nicht unwahrscheinlich, dass dieser auf Grund einer verstärkten (positiven) Präsenz im Stadtbild weitere, bisher vom Sport nicht tangierte Mitbürger anspricht, interessiert und somit letztlich zu einer regelmäßigen (An-)Teilnahme bewegt. Gleichzeitig wurde bereits festgestellt, dass der Sport in seinem Sinnzusammenhang zur Anerkennung und Stabilisierung des nationalsozialistischen Regimes und einer entsprechend vollständigen Anpassung oder auch „Erziehung" der Bevölkerung in Münster beiträgt. Involviert der Münsteraner Sport also zunehmend mehr Bürger, so geht damit eine verstärkte nationalsozialistische Einflussnahme auf die Münsteraner im

---

[339] Auf diese Zusammenhänge verweist die moderne Sportsoziologie. Vgl. Aronson.

Gesamten einher. Da die (An-)Teilnahme und Unterstützung des Sports in Münster zu einem Bedeutungszuwachs des instrumentalisierten Sports führt, wird diese somit indirekt zu einem Engagement zugunsten des nationalsozialistischen Regimes.

Die vorliegenden Erkenntnisse legen es nahe noch einmal den Bezug zur Einführung herzustellen. Ausgehend vom Artikel Dietrich Schulze-Marmelings zum 100-jährigen Jubiläum des SC Preußen leitete sich die Frage ab, ob der Sport in Münster unter den Nationalsozialisten mit einem „Rückzug ins Unpolitische"[340] gleichzusetzen ist. Die vorliegende Arbeit gibt einen Einblick in den signifikanten Wirkungszusammenhang zwischen dem Sport (in seinem Sinnzusammenhang) und der nationalsozialistischen Politik mit ihren Zielen und Idealen. Auf dieser Grundlage ist es nicht haltbar den Sport als eine Art „unpolitische Oase" zu verklären. Genau wie die einzelnen Erscheinungsformen des Sports erst in ihrer Summe ein vollständiges Bild des instrumentalisierten Sports ergeben, so wird auch dieser instrumentalisierte Sport und damit das Engagement der Bevölkerung letztlich zu einer von mehreren Stützen des nationalsozialistischen Regimes. Denn: „Wenn wir den Dingen aber auf den Grund schauen, dann erkennen wir, dass das große Geschehen bestimmt wird von der Summe der zahllosen Geschehnisse im Kleinen."[341] Im konkreten Fall hieße dies bspw. den Zusammenhang zwischen einer funktionierenden Volksgemeinschaft, zu der der instrumentalisierte Sport beiträgt, und, sich darauf stützenden, vom Regime initiierten kriegerischen Auseinandersetzungen, unmenschlichen Verbrechen und vielem mehr zu erkennen.

Die vorliegenden Erkenntnisse lassen weitere Rückschlüsse auf das nationalsozialistische Münster zu. Es erscheint nur konsequent, dass die Münsteraner mit der Begeisterung für den Sport ihre diesbezüglichen eigenen Werte, Normen und Vorstellungen an die des Sports in seinem Sinnzusammenhang angepasst haben (insofern eine Diskrepanz bestand). Denn: Eine Begeisterung für den Sport in einem Sinnzusammenhang, der konträr zu eigenen Werten, Normen und

---

[340] Vgl. Marmeling 7.
[341] Der Blaue Stern, März 1940 (Nr. 28) 5,6 zit. in Langenfeld 354.

Vorstellungen verläuft, ist nur schwer vorstellbar und könnte nicht adäquat eine Sportbegeisterung, wie die der Münsteraner, erklären. Gleichzeitig gilt: Mit der Anpassung der Werte, Normen und Vorstellungen im Sportzusammenhang erkennt das Individuum unmittelbar mit den Werten Normen und Vorstellungen verknüpfte, nationalsozialistische Ziele und Ideale an, die ebenso im gesellschaftlichen und politischen Leben bestand haben. Damit legt die Begeisterung für den Sport in Münster nahe, dass letztlich zumindest eine Akzeptanz der Münsteraner für nationalsozialistische Ideale und Ziele und damit für das Regime im Gesamten besteht.

Es wurde festgestellt, dass sich der instrumentalisierte Sport letztlich nicht nur auf die Akzeptanz, sondern ebenso auf die Zustimmung einer breiten Bevölkerungsschicht stützt. Zeichnet sich also auf diesem Hintergrund eine Akzeptanz bzw. gar indirekte Unterstützung des nationalsozialistischen Regimes in Münster ab, wird das Bild der „doppelten Gesellschaft", wie dies Joachim Kuropka in „Geschichte der Stadt Münster" darstellt, fragwürdig.[342] (Dabei stehen sich unverbunden zwei gesellschaftliche Gruppen in Münster gegenüber. Zunächst ist dies ein den Nationalsozialismus aktiv unterstützender Bevölkerungsteil, der in erster Linie aus untermittelständischen Gruppen und Zugewanderten besteht. Zum anderen ist dies das den Nationalsozialismus nicht unterstützende Bürgertum, für das sinnbildlich Bischof Clemens August von Galen und seine Gemeinde stehen.[343]) Vielmehr drängt sich auf Grundlage der vorliegenden Erkenntnisse die Frage auf, ob nicht ein Großteil der Münsteraner die nationalsozialistische Herrschaft zumindest akzeptiert. Im Sinnbild der „doppelten Gesellschaft" würde dies also bedeuten, dass zwischen den zwei sich scheinbar diametral gegenüberstehenden Interessensgruppen der Großteil der Münsteraner Bevölkerung, und damit auch das Bürgertum, anzusiedeln ist. Auch wenn die Münsteraner keine euphorischen Anhänger der nationalsozialistischen Bewegung sein mögen, so liegt die Vermutung nahe, dass sie durch die

---

[342] Vgl. Kuropka, <u>Münster in der nationalsozialistischen Zeit</u> 301-303.
[343] Vgl. Kuropka, <u>Münster in der nationalsozialistischen Zeit</u> 303.

Anerkennung des nationalsozialistischen Regimes letztlich dennoch ihren Teil zu einer gut funktionierenden Gauhauptstadt beitragen.

7.3 Ausblick

Die vorliegenden Ergebnisse verdeutlichen, dass der Sport in seinem Sinnzusammenhang unmittelbar mit den Wirkungsmechanismen des nationalsozialistischen Regimes verknüpft ist. Damit festigt sich auch für Münster die These, dass „Sportgeschichte und NS-Geschichte seit 1933 eine Geschichte"[344] ist. Die facettenreichen und komplexen Zusammenhänge bieten weitere Forschungsmöglichkeiten auf dem Themengebiet, so dass vertiefende Einblicke in die Dynamiken des nationalsozialistischen Regimes gewonnen werden können. Dabei bietet es sich an, gesellschaftliche und politische Entwicklung einerseits und das persönliche Handeln andererseits zueinander in Beziehung zu setzen. Von besonderem Interesse erscheint z.b. die Fragestellung, wie viel Eigeninitiative zur Umstrukturierung der Organisationsstrukturen u.ä. bei den Untergliederungen der deutschen Turn- und Sportbewegung bis hinunter auf die Vereinsebene bereits 1933/34 auch in Münster vorhanden ist. Damit verknüpft zeigt sich die Frage nach der Rolle der Turn- und Sportvereine als Handelnde im Machteroberungsprozess der Nationalsozialisten. Ist es also adäquat von einer Instrumentalisierung des Sports durch die Nationalsozialisten zu sprechen oder handelt es sich vielmehr um eine Instrumentalisierung des Sports im nationalsozialistischen Sinne, die von den Turn- und Sportvereinen in Münster aktiv (mit-)gestaltet wird?

Mit dem Nutzen des instrumentalisierten Sports für das nationalsozialistische Regime stellt sich die Frage nach der Rolle des Sports für das Individuum. Wird die Zeit in Münster unter den Nationalsozialisten doch als „Blütezeit des Sports"[345] bezeichnet, so ergibt sich bspw. die Frage, inwiefern das Individuum die Wahlfreiheit besitzt am Sport im Allgemeinen und verschiedenen Sportarten im Speziellen zu partizipieren. Welches sind also letztlich die (privaten) Beweggründe am Sport (An-)Teil zu nehmen? Und, wird auf dieser

---

[344] Vgl. Peiffer 15.
[345] Vgl. Langenfeld 353.

Grundlage die individuelle sportliche Betätigung wieder im Gesamtkontext verortet, stellt sich zum einen die Frage, ob es der Sport unter den Nationalsozialisten tatsächlich vermag, die sportliche Leistungsfähigkeit der Bevölkerung, im Vergleich zur Weimarer Republik, zu steigern, und zum anderen, inwiefern damit tatsächlich das Ziel eines „Volkes in Leibesübungen" umgesetzt werden kann.

Insgesamt bleibt festzuhalten, dass

> „[...] in Zukunft neue und weitergehende Erkenntnisse über die Entwicklung des Sports in der Zeit des Nationalsozialismus, seine Rolle in dem politischen und gesellschaftlichen Wandlungsprozess, seine sozialisatorische Wirkung, wie auch die Wirkung politischer und gesellschaftlicher Veränderungen auf die „Eigenwelt" des Sports zu erwarten sein [werden]."[346]

Erkenntnisse, die hierbei auf lokaler Ebene in Münster gewonnen werden, tragen nicht nur zum Verständnis der Stadtgeschichte bei, sondern eben auch zum Verständnis des nationalsozialistischen Systems im Gesamten.[347]

---

[346] Peiffer 21.
[347] „Stadtgeschichte im 20. Jahrhundert ist [...] immer auch allgemeine Zeitgeschichte, die Verschränkung von Lokalgeschichte und Nationalgeschichte." Thamer 220.

8. Quellen- und Literaturverzeichnis

8.1 Quellen

Baeumler, Alfred. „Sinn und Aufbau der deutschen Leibesübungen, 2. Teil." Männerbund und Wissenschaft. Berlin: Junker und Duennhaupt, 1934. 59-74.

Hitler, Adolf. Mein Kampf. 25. Aufl. München: Eher, 1933.

Münsterischer Anzeiger (MA) 1. Jan. 1930-30. Juni 1940.

Münsterischer Anzeiger und Münsterische Volkszeitung (MA) 1. Jan. 1923-31. Dez. 1929.

Schulze-Marmeling, Dietrich. „Zeitzeugen des SCP: keine Nähe zu den Nazis". 100 Jahre SC Preußen Münster. Sonderheft zum Jubiläum. Westfälische Nachrichten 30. April 2006. 7.

von Tschammer und Osten, Hans. „Der deutsche Sport im Reiche Adolf Hitlers." Hrsg. Hans Pfundtner. Wilhelm Frick und sein Ministerium: Aus Anlaß des 60. Geburtstages des Reichs- und preußischen Ministers des Innern Dr. Wilhelm Frick am 12. März 1937. München: Eher, 1937. 109-118.

100 Jahre SC Preußen Münster. Sonderheft zum Jubiläum. Westfälische Nachrichten 30. April 2006.

8.2 Literatur

Aronson, Elliot. Sozialpsychologie: Menschliches Verhalten und gesellschaftlicher Einfluss. Heidelberg: Spektrum, 1994.

Bernett, Hajo. Der Weg des Sports in die nationalsozialistische Diktatur. Beiträge zur Lehre und Forschung im Sport 87. Schorndorf: Hofmann, 1983.

Becker, Frank. Amerikanismus in Weimar: Sportsymbole und politische Kultur 1918-1933. Wiesbaden: Dt. Univ.-Verl., 1993.

Becker, Frank. „Der Sportler als 'moderner Menschentyp': Entwürfe für eine neue Körperlichkeit in der Weimarer Republik." Körper mit Geschichte: Studien zur Geschichte des Alltags. Hrsg. Clemens Wischermann und Stefan Haas. Stuttgart: Steiner, 2000. 223-243.

Brändle, Fabian und Christian Koller. Goal!: Kultur und Sozialgeschichte des modernen Fussballs. Zürich: Orell Füssli, 2002.

Bohrmann, Hans und Gabriele Toepser-Ziegert (Hrsg.). NS Presseanweisungen der Vorkriegszeit. Bd. 7. München: K.G. Saur, 1984-2001.

Cachay, Klaus, Steffen Bahlke und Helmut Mehl. „Echte Sportler" - „Gute Soldaten": Die Sportsozialisation des Nationalsozialismus im Spiegel von Feldpostbriefen. Weinheim: Juventa, 2000.

Diem, Carl. Der deutsche Sport in der Zeit des Nationalsozialismus. Hrsg. Lorenz Peiffer. Köln: Carl-Diem-Institut, 1980.

Dietrich, Karl und Hans-Peter Schwarz (Hrsg.). „Bibliographie zur Zeitgeschichte". Vierteljahreshefte für Zeitgeschichte. 80-95 (2000- 2007).

Eichberg, Henning. "'Schneller, höher, stärker': Der Umbruch in der deutschen Körperkultur um 1900 als Signal gesellschaftlichen Wandels." Die Veränderung des Sports ist gesellschaftlich: Die historische Verhaltensforschung in der Diskussion. 2. Aufl. Münster: Lit, 1990. 185-207.

Eichberg, Henning. „Zivilisation und Breitensport. Die Veränderung des Sports ist gesellschaftlich." Sozialgeschichte der Freizeit: Untersuchungen zum Wandel der Alltagskultur in Deutschland. Hrsg. Gerhard Huck. Wuppertal: Hammer, 1980. 77-94.

Eisenberg, Christiane. „Deutschland." Fußball, soccer, calcio. Ein englischer Sport auf seinem Weg um die Welt. Hrsg. Christiane Eisenberg. München: Deutscher Taschenbuchverlag, 1997. 94-129.

Elias, Norbert. „Der Fußballsport im Prozess der Zivilisation." Der Satz "der Ball ist rund" hat eine gewisse philosophische Tiefe. Hrsg. Rolf Lindner und Harald Binnewies. Berlin: Transit, 1983. 12-21.

Friese, Gernot. Anspruch und Wirklichkeit des Sports im Dritten Reich: Studien zum System nationalsozialistischer Leibeserziehung.

Diss. Westfälische Wilhelms-U zu Münster (Wesf.). Münster: 1973.

Gebauer, Gunter. „Geschichten, Rezepte, Mythen: Über das Erzählen von Sportereignissen." Der Satz „Der Ball ist rund" hat eine gewisse philosophische Tiefe. Hrsg. Rolf Lindner. Berlin: Transit, 1983. 128-145.

Hartmut E. Lissina. Nationale Sportfeste im nationalsozialistischen Deutschland. Mannheimer Historische Forschungen 12. Palatium: Mannheim 1997.

Jakobi, Franz-Josef (Hrsg.). Geschichte der Stadt Münster. 2. Aufl. Bd. 1. Münster: Aschendorff, 1993.

Joch, Winfried. Politische Leibeserziehung und ihre Theorie im Nationalsozialistischen Deutschland: Voraussetzungen – Begründungszusammenhänge – Dokumentation. Europäische Hochschulschriften 31. Frankfurt: Lang, 1976.

Kuropka, Joachim. Meldungen aus Münster 1924-1944. Münster: Regensberg, 1992.

Kuropka, Joachim. „Münster in der nationalsozialistischen Zeit". Geschichte der Stadt Münster. Hrsg. Franz-Josef Jakobi. 3. Aufl. Bd. 2. Münster: Aschendorff, 1994. 285-323.

Krüger, Michael. Teil 1. Von den Anfängen bis ins 18. Jahrhundert. Sport und Sportunterricht: Grundlagen für Studium, Ausbildung und Beruf 8. Schorndorf: Hofmann, 2004.

Krüger, Michael. Teil 2. Leibeserziehung im 19. Jahrhundert: Turnen fürs Vaterland. Sport und Sportunterricht: Grundlagen für Studium, Ausbildung und Beruf 8. Schorndorf: Hofmann, 2004.

Krüger, Michael. Teil 3. Leibesübungen im 20. Jahrhundert: Sport für alle. Sport und Sportunterricht: Grundlagen für Studium, Ausbildung und Beruf 10. Schorndorf: Hofmann, 1993.

Langenfeld, Hans und Klaus Prange. Münster: Die Stadt und ihr Sport: Menschen, Vereine, Ereignisse aus den vergangenen beiden Jahrhunderten. Münster: Aschendorff Verlag, 2002.

Lissina, Hartmut. Nationale Sportfeste im nationalsozialistischen Deutschland. Mannheim: Palatium, 1997.

Peiffer, Lorenz. Sport im Nationalsozialismus: Zum aktuellen Stand der sporthistorischen Forschung. Eine kommentierte Bibliographie. Göttingen: Die Werkstatt, 2004.

Priamus, Heinz-Jürgen und Stefan Goch. Macht der Propaganda oder Propaganda der Macht?: Inszenierung nationalsozialistischer Politik im „Dritten Reich" am Beispiel der Stadt Gelsenkirchen. Essen: Klartext, 1992.

Reichel, Peter. Der schöne Schein des Dritten Reiches: Faszination und Gewalt des Faschismus. München: Carl Hanser Verlag, 1991.

Röthig, Peter (Hrsg.). Sportwissenschaftliches Lexikon. Schorndorf: Hofmann, 1992.

Ruck, Michael. Bibliographie zum Nationalsozialismus. Bd. 1-2. Darmstadt: Wissenschaftliche Buchgesellschaft, 2000.

Schlicht, Wolfgang und Bernd Strauß. Sozialpsychologie des Sports: Eine Einführung. Göttingen, Bern, Toronto, Seattle: Hofgrefe, 2003.

Steinhaus, Hubert. Hitlers pädagogische Maximen. „Mein Kampf" und die Destruktion der Erziehung im Nationalsozialismus. Frankfurt: Lang, 1981.

Thamer, Hans-Ulrich. „Stadtentwicklung und politische Kultur während der Weimarer Republik." Geschichte der Stadt Münster. Hrsg. Franz-Josef Jakobi. 3. Aufl. Bd. 2. Münster: Aschendorff, 1994. 219-284.

Tietze, Lothar. Nationalsozialistische Leibeserziehung: Ursprung und Entwicklung ihrer Theorie. Diss. U Düsseldorf. Düsseldorf: 1984.

Wand, Albert und Joseph Hohmann. Aus der Geschichte der deutschen Presse. Ausstellung des Westfälisch-Niederrheinischen Instituts für Zeitungsforschung der Stadt und Landesbibliothek Dortmund aus Anlass seines 25-jährigen Bestehens. Dortmund: Lensing, 1951.

Van Dülmen, Richard, Hrsg. Fischer Lexikon Geschichte. Frankfurt am Main: Fischer, 2003.

Lightning Source UK Ltd.
Milton Keynes UK
UKHW011828301018
331481UK00004B/551/P

9 783640 574063